틀 밖에서 배우는
유대인 학습법

틀 밖에서 배우는
유대인 학습법

최원일 지음

레몬북스
lemon books

쩨다카(Tzedakah, 자선)는 제가 오랫동안 유대인 교육, 하브루타(Havruta), 탈무드 원전을 연구하면서 가장 강조하던 내용이었습니다. 그런데 쩨다카를 실천한 내용을 책으로 펴낸다니 그 기쁨을 말로 다 표현할 수 없습니다.

가정 중심으로 이루어지는 쩨다카 교육을 학생들에게 적용했다는 것을 알고 깜짝 놀랐습니다. 엄청난 일이 학교에서 일어나고 있었던 것입니다. 저는 이것을 쩨다카 혁명이라고 부르고 싶습니다. 학교에서는 결코 쉽지 않은 일을 해냈기 때문입니다.

아무리 선한 의도라도 돈과 연결되면 불편해하는 사람들이 꼭 있게 마련입니다. 그래서 선한 의도와는 별도로 이것을 실천하기 위해서는 세심한 지혜가 필요합니다. 어려움에도 불구하고 학교에서 놀라운 지혜를 발휘해 쩨다카 수업을 성공적으로 실천했습니다.

2017년 미래강연 Q에서 〈심장 같은 인재〉라는 제목으로 강의한 적이 있습니다. 그때 네 번째로 진행했던 강의의 핵심 내용이 쩨다카였습니다. 강의 주제로 쩨다카를 선택한 이유는 유대인 교육의 핵심 목표가 바로 그것이라고 확신했기 때문입니다.

쩨다카는 특히 아이들의 인성 교육에 매우 좋습니다. 유대 현자들은 쩨다카를 '마음의 할례'라고 표현합니다. 사람의 마음을 선하게 만들어주기 때문입니다. 하나님 백성이라고 자부하는 이스라엘인들은 쩨다카를 가장 중요한 자기 민족의 특징 중 하나로 꼽습니다. 그들은 영아 때부터 쩨다카를 세뇌시키다시피 반복해서 가르칩니다.

심장은 혈액을 온몸에 공급하는 역할을 하면서도 결코 혈액을 모으는 법이 없습니다. 들어오는 대로 내보낼 뿐입니다. 혈액의 유통을 맡고 있을 뿐인데 몸의 모든 세포는 심장에 의지합니다. 심장을 통해 우리는 자선의 위대함을 매일매일 배울 수 있습니다.

자선하는 습관은 아이들을 심장 같은 인재로 키워냅니다. 쩨다카는 도움을 받는 사람보다 도움을 주는 사람에게 엄청난 혜택을 가져다줍니다. 자선을 하면 할수록 더욱더 선한 사람, 주위로부터 찬사와 신뢰를 얻는 사람이 될 뿐만 아니라 더 좋은 세상을 만드는 데 헌신하는 리더로 성장할 수 있습니다.

이 책에는 학생들과 함께 쩨다카를 꾸준히 실천하면서 여러 구호단체에 기부하고 봉사 활동에 참여한 이야기가 담겨 있습니다. 함께 나눔을 실천하면서 아이들이 얼마나 행복해했을까를 생각하니 가슴이 벅차올랐습니다. 우리 사회에 도움이 필요한 사람들이 너무나 많고 그들을 돕고자 하는 이들도 많다는 것을 알게 되었을 거라 생각합니다.

남을 도울 때 찾아오는 기쁨은 이 세상 어떤 쾌락과도 바꿀 수 없을 정도로 소중합니다. 그런 경험이 반복되면 자선은 습관이 될 것이고, 세상을 더 나은 곳으로 만들고자 하는 비전을 품게 만들 것입니다. 그리고 결국엔 그들 스스로 심장 같은 인재로 성장하리라 확신합니다.

이 책은 그러한 인재들의 성장 과정을 담은 귀한 기록이 될 것입니다. 이 책을 통해 쩨다카 교육과 문화가 대한민국의 가정과 학교에 널리 확산되길 기대합니다.

한국하브루타연합회 책임연구원
탈무드원전연구소 소장
김정완

"전 세계는 디지털 화폐 전쟁의 서막이 올랐다. 여러 가지 장점에도 불구하고 지난 10년 동안 사기뿐 아니라 온갖 속임수와 범죄가 일어나는 것을 지켜봤다. 너무나 쉽게 돈을 벌고 잃었다."

박영숙·제롬 글랜이 쓴 『세계미래보고서 2021, 포스트 코로나 특별판』의 내용의 일부다. 우리가 그렇게도 갈망하는 돈·권력·힘은 모두 '양날의 칼'이다. 그것을 좌지우지하는 것은 결국 사람이며, 그 사람이 지닌 인성이다.

인성 교육, 성품 훈련은 어릴 때부터 해야 한다. 내가 어렸을 때는 유난히 구걸하는 사람이 많았다. 어머니는 가난했지만 구걸하는 사람을 문전박대한 적이 한 번도 없었다. 할머니께 보고 배운 대로 쌀 항아리 밑바닥까지 긁어 식량을 내주셨다.

찬밥이라도 성의껏 덜어주시던 어머니의 모습은 내 유전자에 새겨졌다. 아이와 함께 나눔을 실천해야 하는 이유다. 나도 아이 이름으로 '후원 구좌'를 만들어 함께 나눔을 실천하고 있다.

나의 스승님께서는 신입사원 시절부터 돈 내는 사람이 리더라며 후원과 봉사를 강조하셨다. 당시 농아원을 매달 방문하며 7년 정도 봉사를 했다. 이후 지금까지 다섯 곳 이상 꾸준히 후원을 이어오고 있다.

　인성과 나눔에 대해 쓴 이 책은 매우 시의적절하고 실용적이다. 자칫 이론으로 치우치기 쉬운 주제를 학교 현장에서 아이들과 함께 실천하며 수많은 인성과 나눔의 열매를 일구어냈다.

　아이를 인성과 지성을 겸비한, 섬기는 리더로 성장시키고자 하는 부모님들과 선생님들께 이 책을 권한다.

3P자기경영연구소 대표
(사)대한민국독서만세(독서포럼나비) 회장
독서혁명가 강규형

'어떻게 하면 아이들이 따뜻하고 올곧은 마음을 기를 수 있을까?'

유대인들은 더 나은 세상을 만든다는 티쿤올람 정신을 바탕으로 쩨다카를 통해 매일 나눔을 실천하면서 인성을 갈고닦습니다.

이 책은 선생님과 아이들이 나눔을 구체적으로 계획해서 차근차근 실천하는 모습을 보여줍니다. 왜 나눔을 해야 하는지, 누구를 어떻게 도와야 하는지 아이들과 함께 진지하게 고민하고 방법을 찾아갑니다. 아이들은 머리로만 이해하는 반쪽짜리 나눔이 아니라 실천을 통해 진정한 나눔을 경험합니다.

봉사 활동부터 어려운 이웃을 위한 후원까지 그동안 쌓인 나눔의 발자취가 꽤 많아졌습니다. 아이들이 신이 나서 자발적으로 참여하는 나눔은 어느새 그 자체가 즐거움이 되었습니다. 즐거운 마음으로 나눔을 계획하고 실천하는 과정에서 아이들은 자신도 모르게 리더로서의 자질을 하나둘씩 갖춰갔습니다.

'다른 사람에게 늘 고마운 사람'이 되라는 선생님의 당부대로 다른 사람 입장에서 생각하고, 어려운 사람에게 먼저 다가가는 아이들로 변해갔습니다.

아이를 바르게 키우고 싶으신가요?

나눔을 통해 성장하는 아이들의 이야기가 가득 담긴 이 책을 펼쳐보길 권합니다.

《그림책 놀이수업의 기적》작가, 수석교사
이인희

더 좋은 '내'가 되고,
더 좋은 '세상'을 만들기 위하여

학교에 정말 가기 싫을 때가 있다. 학급에 심각한 문제가 생겼을 경우다. 학급에서는 다툼, 이간질, 따돌림, 사이버 폭력, 도난 등 크고 작은 일이 끊임없이 벌어진다. 일단 문제가 터지면 상황 해결에 매달려야 한다. 자초지종을 파악하고 아이들을 지도하다 보면 꼬박 하루가 가곤 한다. 몇 달 동안 지속적으로 상담하고 아이들을 관찰해야 하는 경우도 있다. 생활지도에 진을 빼다 보면 수업 활동에 온전히 마음을 쏟지 못한다.

문제가 끊이지 않으면 스스로 교사로서의 자질을 의심하며 무력감과 회의감에 휩싸일 때도 있다. 그렇다고 '요즘 애들이 다 그렇지'라며 어물쩍 넘기거나 눈앞의 문제를 눈감고 모른 척할 수도 없다. 문제가 발생할 때마다 꾸역꾸역 해결은 하는데, 앞으로 이런 문제를 끊임없이 마주해야 한다고 생각하면 아찔하다.

다른 사람에게 상처 주고 끊임없이 갈등을 만드는 아이와 상대를 배려하고 포용할 줄 아는 아이. 이 아이들의 차이는 어디서 온 것일까? 10년 넘게 아이들을 지켜보면서 깨달은 점은 인성에 따라 아이들의 삶의 태도가 달라진다는 것이다. 인성은 사회 구성원으로서 인간다운 삶을 살기 위해 기본적으로 갖춰야 하는 것이다. 인성에 따라 가치관이 달라지고 다른 사람과 관계 맺는 방법도 달라진다.

하지만 공부에 밀려 인성 교육은 뒷전이었기 때문에, 학부모와 교사는 인성이 바로 서지 못한 아이들이 일으키는 수많은 문제를 감당하느라 힘든 나날을 보내고 있다. 반면 유대인의 교육은 우선순위가 다르다. 유대인은 인성을 무척 중요하게 여긴다. 자녀가 바른 가치관을 바탕으로 온전한 인격을 갖춘 사람으로 성장하는 것을 우선시하며 평생에 걸쳐 인성을 기르는 데 힘쓴다. 그러한 유대인이 인성 교육에서 무엇보다 중요하게 여기는 것은 나눔을 매일 실천하는 것이다.

인성은 머리로 배울 수 있는 것도 아니고, 성장 과정에서 저절로 자라는 것도 아니다. 인성은 실천을 통한 경험에 의해 만들어진다. 유대인은 자선을 뜻하는 '쩨다카'를 통해 매일 나눔을 실천하며 인성을 갈고닦는다.

쩨다카는 하브루타 교육을 통해 처음 알게 되었다. 그동안 지속적으로 적용할 수 있는 인성 교육 방법을 찾고 있던 터라 기쁜 마음으로 교실에 적용해 보았다. 6년 동안 교실에서 쩨다카를 꾸준히 실천하며 '나눔'이 인성을 기르는 좋은 방법이라는 확신이 생겼다. 아이들과 함께 나눔을 준비하고 실천했다. 단순히 후원금을 모아 어려운 사람을 돕는 데 초점을 맞추지 않고 다양한 주제를 나눔과 연관시켜 프로젝트를 진행했다. 무조건 동정심을 자극하는 것도 경계했다.

새로운 나눔을 시작할 때마다 관련 책을 읽으며 어려움에 처한 사람들의 상황을 이해하려 노력했고, 그들의 아픔을 깊게 공감하며 진심을 담아 매일 동전을 기부했다. 질문과 토론을 통해 나눔에 대한 생각을 정립해 갔으며, 누구를 어떻게 도울 것인지 끊임없이 고민했다. 그 결과 '사랑의 연탄 나르기', '밥퍼 봉사', '물 뜨러 가는 길, 식수정화제 후원', '독립운동가 후손 주거 개선 후원', '여자아이 학교 보내기 후원' 등 수많은 나눔 열매를 맺었다.

아이들은 나눔을 실천하며 인성이 부쩍 자랐다. 다른 사람을 존중하고 배려할 줄 아는 아이가 되었고, 의사소통하는 방법을 배워갔으며 성실하고 책임감 있는 아이로 성장해 갔다. 무엇보다 나눔이 다른 사람뿐 아니라 나 자신도 행복하게 한다는 것을 깨닫게 되었고 나눔 하는 자신을 필요한 존재, 가치 있는 사람이라고 생각하게 되었다.

2020년은 코로나19로 인해 어려운 사람들이 더 많아졌는데 자원봉사의 손길과 후원은 오히려 줄어든 곳이 많다. 나눔의 필요성을 더욱 실감하며 아이들과 나눔 활동을 해나갔다.

세상은 점점 풍요로워지고 있지만 빈부격차가 갈수록 심해지고 있고 여러 이유로 힘든 삶을 살아가는 사람들도 여전히 많다. 세상은 연결되어 있기 때문에 나만 잘 살기는 어렵다. 함께 잘 살기 위해서는 세상의 문제를 해결하기 위해 노력해야 한다는 것을 아이들 스스로 깨닫고, 꾸준히 다른 사람을 돕는 습관을 기르도록 도와주어야 한다. 그러려면 나눔은 가정과 학교에서 지속적으로 이뤄져야 한다.

이 책에는 쉽게 실천할 수 있는 나눔 사례들과 나눔을 통해 변화된 아이들의 이야기가 담겨 있다. 인성 교육에 어려움을 느끼는 부모님들과 선생님들이 나눔을 통해 아이의 인성을 길러주는 자신만의 방법을 찾기를 바란다.

나눔은 누구나 실천할 수 있다. 이 책을 읽는 독자들도 '이 정도는 나도 할 수 있겠다'는 자신감을 가지고 나눔을 시작했으면 좋겠다. 작은 나눔이 모이면 세상은 점점 좋아질 것이다. 더 좋은 세상을 만드는 데 동참하는 사람들이 많아지기를 바란다.

아름답게 성장하는 아이들이 만들어가는 더 좋은 세상을 기대하며, 아이와 함께 나눔을 위한 한 걸음을 내디뎌 보자.

아이들과 계속 나눔을 실천하고픈
드림디자이너
최원일

차례

CHAPTER 01 우리 아이 인성 괜찮은가?

CHAPTER 02 유대인은 어떻게 인성 교육을 하는가?

QA 쩨다카의 주인공들, 나눔에 대해 이야기하다

우리 아이 인성 괜찮은가?

우리 아이 인성 이대로 괜찮을까? 자신 있게 "괜찮다"고 대답할 수 있는 사람은 많지 않을 것이다. 매년 다양한 아이들을 만난다. 예의 바르고 다른 사람의 입장에서 배려할 줄 아는 아이도 있지만 고개를 절레절레 흔들게 만드는 아이도 많다. 상대의 마음은 아랑곳하지 않고 거침없이 말을 쏟아내는 것을 솔직한 것이라 여기는 아이, 걸리지만 않으면 된다는 마음으로 잘못된 행동을 반복하는 아이, 이득을 얻기 위해 거짓말을 하는 것을 아무렇지 않게 생각하는 아이들도 있다.

이대로 자란다면 아이들은 어떤 삶을 살게 될까? 인성이 바로 서야 아이들의 삶도 바로 선다. 올바른 가치관을 바탕으로 스스로 판단하고 결정하고 행동할 수 있는 아이로 길러야 한다. 인성을 우선순위에 두겠다는 단호한 결단력이 필요하다. 바른 인성을 지닌 아이는 자신의 역량을 마음껏 펼치며 공동체에 기여하는 아이가 될 것이다.

1
아이들의 인성이
무너지고 있다

다른 사람의 마음을
헤아리지 못하는 아이들

3월 첫날이었다. 친구들과 인사를 나눈 후 각자 사용할 사물함 배정을 마치자마자 한 아이가 다가와 당차게 말을 꺼냈다.

"선생님, 친구랑 사물함 바꿔도 돼요? 친구도 괜찮다고 했어요."

선생님이 안 된다고 할까 봐 이미 친구 허락을 받아놓았다는 점을 강조했다. 사물함은 보통 출석 번호대로 배정하는데, 이번에는 아이들 의견에 따라 원하는 것을 골라 쓰기로 했다. 위, 중간, 아래 줄 중 사용하기 편한 윗줄에 구름처럼 몰렸고, 아이들도 예상했다는 듯 가위바위보로 쓸 사람을 정하자고 했다. 그렇게 몇 번의 가위바위보를 거쳐 자신들이 쓸 사물함이 결정되었다.

시간은 걸렸지만 아이들 의견을 반영해서 결정했다는 데 뿌듯함을 느낀 것도 잠시. 다짜고짜 사물함을 바꿔달라는 말에 말문이 막혔다. 처음 만난 선생님에게 이리도 당당하게 자신의 요구 사항을 말하다니. 어떤 성향의 아이인지 파악이 안 된 상태에서 원칙만을 내세워 섣불리 결정할 수가 없었다. 일단 사물함을 바꿔주겠다는 아이의 이야기도 함께 들어보기로 했다.

"사물함 바꾸는 거 정말 괜찮니? 너도 위 줄 사물함을 쓰고 싶어서 가위바위보 한 거잖아."

"얘가 더 쓰고 싶어 하니까 바꿔줘도 괜찮아요."

이야기를 들으며 아이들 표정을 살피랴, 표정 뒤의 마음을 헤아려보랴, 상황을 종합해 보랴 머릿속이 바쁘게 돌아갔다. 바꾸고 싶어 하는 아이에게도 물었다.

"사물함 고르는 방법은 다 함께 정했고. 너도 동의했잖니. 가위바위보에서 진 친구들은 다른 사물함을 골랐는데 너만 바꿔줄 수는 없어. 꼭 바꿔야만 하는 이유가 있니?"

"불편해서요. 책을 꺼낼 때마다 허리를 구부려야 하잖아요."

대답을 듣고 보니 기가 찰 노릇이었다. 아이의 당당한 태도에 얄미운 마음이 스멀스멀 올라왔지만 애써 담담한 척하며 말을 이어갔다.

"네가 불편하면 다른 사람도 불편하지 않을까?"

"친구가 괜찮다고 했어요."

"친구가 괜찮다고 했어도 친구 입장에서 생각한다면 정해진 대로

썼으면 좋겠는데."

선생님의 허락이 쉽사리 떨어질 것 같지 않자 아이는 잔뜩 일그러진 표정을 지으며 날카롭게 말했다.

"저는 원하는 게 있으면 꼭 가져야 돼요. 안 그러면 잠을 못 자요!"

사물함을 바꿔준다고 한 아이는 친구가 흥분하자 어쩔 줄 몰라 했다.

"저 진짜 바꿔주고 싶어서 바꿔주는 거예요."

연신 자기는 괜찮다고 했다.

상황이 이쯤 되니 더 밀어붙이면 둘의 관계가 나빠질 수도 있겠다 싶어 이번 한 번만 들어준다고 하면서 마지못해 허락해 주었다.

상황은 마무리되었지만 이 일이 하루 종일 머리에서 떠나질 않았다. 끝까지 자기주장만 하던 아이의 이기적인 태도가 괘씸하기도 했고, 친구 눈치를 보며 동동거리던 다른 아이의 모습을 생각하니 씁쓸하기도 했다.

"괜찮다"는 말이 정말 "괜찮다"는 뜻이 아닐 때가 종종 있다. 아픈 엄마가 아이에게 걱정 끼치고 싶지 않을 때도, 넘어졌는데 다른 사람이 쳐다보는 것이 부끄러울 때도 그렇게 말한다. 친구가 약속을 일방적으로 어기고 사과 한마디 없어도 그 친구와 놀지 못하게 될까 봐 괜찮다고 하며 넘긴다. 하지만 이 수많은 의미를 헤아리지 못하고 "괜찮다"는 말을 곧이곧대로 받아들이는 경우가 많다.

조금만 헤아려보면 "괜찮아"라는 말을 제대로 해석할 수 있을 텐데 그 '조금'도 아이들에게는 생소하고 어려운 일이다. 공감하는 법을 배우고 연습할 기회가 부족했기 때문이다. 자녀가 한둘이다 보니 가정에서 아이의 지나친 요구나 감정을 다 받아주거나, 버릇없는 행동을 해도 별다른 제재 없이 넘어가는 경우가 많아졌다. 자기중심으로 돌아가는 세상에 살다가 학교에 와서 자기 입장만 내세우다 보니 끊임없이 갈등이 생길 수밖에 없다.

배려는 진정한 공감에서 나온다. 공감은 다른 사람의 고통이나 기쁨을 상상하여 상대의 기분을 읽어내고 함께 느끼는 것이다. 정신과 의사 정혜신은 『당신이 옳다』에서 공감은 깊은 이해의 단계이며 다정한 시선으로 사람 마음을 구석구석, 찬찬히, 환하게 볼 수 있을 때 닿을 수 있는 상태라고 하였다.

이러한 공감 능력은 부단한 훈련을 통해 길러진다. 지극히 자기중심적인 아이들도 다른 사람의 입장에서 생각하고 행동하는 법을 알려주면 달라지기 시작한다. 원래부터 이기심에 가득 차 있었던 것이 아니라 배려하는 방법을 배우지 못했기 때문이다.

공감 능력을 길러주려면 부모님의 역할이 매우 중요하다. 유대인 부모는 자녀가 어릴 때부터 잠들기 전 침대 머리맡에서, 밥상머리에서 대화를 나누며 인성 교육을 한다. 유대인 아이들은 끊임없는 대화를 통해 경험한 일을 다른 사람의 입장에서 생각해 보며 자연스럽게 타인을 배려하는 법을 배우게 된다.

부모님 도움 없이는 아이들을 변화시키는 데 한계가 있다. 부모님과 선생님의 가치관이 다른 경우 선생님의 말은 그다지 큰 힘을 발휘하지 못하기 때문이다.

아이들을 지도하다 보면 부모님의 말이 들릴 때가 있다.

"우리 엄마가 다 보상해 줄 테니까 때리는 친구는 쫓아가서 때려주고 오랬어요. 맞고 오면 엄청 혼나요."

부모님의 말 한마디에 학교에서 배운 의사소통 방법과 갈등 해결 방법은 힘을 잃는다.

아이가 야무지지 못한 것을 걱정하는 부모님도 많다.

"우리 애가 물러터져서 걱정이에요. 퍼주기만 하고 자기 것을 챙길 줄 몰라요."

하지만 어머니가 걱정한 그 아이는 준비물을 안 가져온 친구를 챙겨 주고, 축 처져 있는 친구를 위로해 주는 요즘 보기 드문 아이였다. 이런 선함을 이용당할 정도로 약한 아이가 아니라고 어머님을 안심시켜 드려도 영 탐탁지 않아 했다. 아이가 좀 더 야무지고 딱 부러진 면이 있기를 바라셨다.

아이의 좋은 면이 부모의 우려에 위축될까 걱정되었다. 폭력이나 이기적인 행동은 금방 배우지만 배려하는 마음을 기르는 데는 훨씬 더 많은 시간과 공을 들여야 한다는 것을 제대로 전달하지 못한 것 같아 안타까웠다. 부모의 걱정과는 달리 공감 능력이 높은 아이들은 역지사지의 마음이 배려하는 행동으로 이어지기에 교우 관계가 좋은 편이다.

심정섭은 『1% 유대인의 생각훈련』에서 랍비와 다윗 왕을 용기, 지략, 덕성을 갖춘 최고의 사람으로 꼽았다. 그리고 이들이 갖춘 능력 중 공감 능력이 가장 중요하다고 하였다. 다른 사람의 감정을 읽고 함께 웃고 울어줄 수 있는 능력이 리더십의 핵심이라는 것이다.

친구를 위해 사물함을 양보하는 아이. 친구 마음은 알지도 못하면서 자신이 원하는 것을 얻기 위해 안달이 난 아이. 안타깝게도 요즘 아이들은 후자인 경우가 많다.

"어떻게 하면 다른 사람의 마음을 잘 헤아리면서 공감하고 배려하는 아이로 기를 수 있을까?"

분노에 차 끊임없이 복수하는 아이들

아이들을 혼내다가 아차 싶을 때가 있다. 단호하고 엄한 모습을 보여주려고 화내는 척했다가 이성을 잃고 진짜 화를 내게 될 때다. 정신을 차린 후에는 어김없이 후회가 밀려온다. '좀 더 참을걸.', '꼭 그렇게까지 해야 했을까.' 스스로 화를 통제 못 하는 상황이 생길까 봐 두렵기까지 하다. 어른도 감정 조절이 쉽지 않은데 아이들은 오죽하랴. 밀려오는 느낌이 어떤 감정인지, 왜 그런 감정을 느끼는지도 제대로 모르기 때문에 감정을 다스리는 것은 더 어려울 수밖에 없다.

표현에 서툴러 제때 해소하지 못한 부정적인 감정은 뒷담화, 이간질 같은 언어폭력이 되고 왕따와 같은 극단적인 형태로 변한다. 좋지 않던 사이가 더 나빠지기도 하고 친한 친구라도 회복할 수 없을 정도로 관계가 틀어지기도 한다. 게다가 '당한 만큼 되갚아 줘야 한다'는 생각이 팽배해서 이해와 용서보다는 보복을 택한다. 자신에게 상처 준 대가를 반드시 치르게 하는 것이 자존심을 지키고 상대에게 만만하게 보이지 않는 길이라 생각하기 때문이다.

반에서 펜이 사라진 사건이 일어났다. 한두 개가 아니라 펜 세트가 통째로 없어진 것이다. 언뜻 보면 돈도 아니고 펜이라 별거 아닌 것처럼 보이지만 2주간에 걸쳐 하나둘씩 사라지다가 급기야는 새로 산 펜 세트가 통째로 사라진 거였다. 책상 위에 놓여 있던 것도 아니고 닫혀 있는 가방 안에 있던 펜이 감쪽같이 자취를 감추다니. 정황상 분실한 것이 아니라 고의로 누가 가져갔을 확률이 높았다.

의도적으로 작정하고 가져간 거라면 누가 그랬는지 밝히기가 쉽지 않을뿐더러 공개적으로 밝혔을 경우 다른 친구들에게 낙인이 찍힐 수 있어 신중해야 했다. 소문은 거듭 퍼져 반 전체가 알게 된 만큼 조속한 해결이 필요했다. 물건이나 돈이 없어지기 시작하면 불신이 빠르게 퍼지고 그동안 없었던 도난 사건이 속출할 수도 있기 때문이다. 물건을 가져가고 싶은 유혹은 누구나 느낄 수 있기에 이 사건을 아이들과 함께 고민하며 해결해 보기로 했다. 대신 누가 가져갔는지 밝혀내는 것보다 왜 이런 일이 일어났고, 어떻게 해결할지 의논하는 데 무게중심을 두었다.

편안하고 자유롭게 이야기하기 위해 큰 원으로 둘러앉았다. 우선 사실을 근거로 상황을 객관적으로 정리해 본 후 추리하는 질문을 던졌다.

"펜이 어떻게 가방 안에서 사라졌을까?"

대부분의 아이들은 누군가 고의로 가져갔을 확률이 높다고 판단하고 있었다. 펜을 가져간 아이를 무조건 나쁘다고 몰아가지 않도록 다음 질문을 던졌다.

"왜? 어떤 마음으로 가져갔을까?"

'펜을 갖고 싶어서.', '새 펜을 샀다고 잘난 척하는 모습이 얄미워서.', '그 친구와 사이가 나빠서 괴롭히려고.' 진지한 의견들을 내면서 가져간 친구의 마음을 상상해 보았다. 펜을 가져간 아이가 자신의 행동을 되돌아보기를 바랐다. 또한 친구들이 자신을 무조건 비난하지 않고 마음을 헤아려주는 것에 응어리 진 마음이 풀어지기를 바랐다.

이제 펜을 잃어버린 아이의 마음을 읽어줄 차례였다.

"펜을 잃어버린 아이의 마음은 어떨까?"

펜을 잃어버린 아이는 자신의 마음을 헤아려주는 친구들의 말 덕분에 펜을 가져간 친구에 대한 분노를 가라앉히고 누군가에게 미움받고 있다는 두려움을 내려놓을 수 있었다. 공감의 힘 덕분인지 며칠 뒤 펜 세트는 가방 안으로 얌전히 돌아왔다.

알고 보니 이 일은 놀이동산 체험학습 조를 짤 때 빚어진 갈등에서 시작된 것이었다. 평소 다섯 명이 자주 어울렸는데 그중 한 명이 자기주장이 강하고, 자기 뜻대로만 하려고 해서 나머지 친구들과 다툼이 잦았던 터였다. 이번에도 자기가 타고 싶은 놀이기구만 주장하다가 크게 싸우고 결국 다른 팀으로 가버렸다. 놀이동산까지 가서 그 친구에게 휘둘리고 싶지 않았던 나머지 아이들은 차라리 잘됐다 싶어 자기들끼리 돌아다니기로 했다.

체험학습을 다녀와서는 언제 그랬냐는 듯 다시 잘 지내는 듯했다. 하지만 다른 팀으로 갔던 아이의 마음 깊은 곳에서는 함께 다니자고 손 내밀지 않은 친구들에 대한 배신감과 분노가 눈덩이처럼 커져갔다. 자기만 쏙 빼고 친구들끼리 모여서 웃고 떠들 때면 속이 타들어 가는 듯했다. 어떻게든 복수하고 말겠다는 생각을 하던 차에 무리 중 한 명이 펜 세트를 새로 샀다며 친구들과 정답게 나눠 쓰는 모습이 눈에 띄었고, 너무 꼴 보기 싫어 아무도 없는 점심시간을 틈타 가방에서 펜을 가져간 것이다.

누군가를 좋아하는 것보다 미워하고 증오할 때 훨씬 더 많은 에너지를 쏟기 마련인데 긴 시간 동안 이 아이의 마음도 지옥이었을 것이다.

그렇다면 마음속에 끊임없이 차오르는 분노를 어떻게 해소하면 좋을까. 다른 사람과의 갈등은 어떻게 잘 해결할 수 있을까.

첫째, 감정을 표현하고 조절하는 방법을 익혀야 한다. 빨리 털어내지 못한 부정적인 감정들은 독이 되어 다른 사람의 말을 왜곡해서 받아들이게 하고, 친밀한 관계를 맺지 못하게 한다. 부정적인 감정을 피하지 않고 극복하는 방법을 찾는다면 상황별로 겪게 될 감정을 예측하고 좀 더 여유롭게 대처할 수 있게 된다.

둘째, 너그러움의 힘과 내면의 힘을 기르는 것이다. 상대에 대한 미움은 불신과 증오를 낳으며 스스로를 갉아먹게 한다. 유대인은 제2차 세계대전 때 끔찍한 학살을 겪었지만 보복보다 관용을 택했다. 루스 실로는『유태인의 자녀교육』에서 유대인 부모들은 아이들에게 '나쁜 사람이 너에게 한 짓을 잊지 마라. 그러나 용서해라'고 가르친다고 했다. 증오나 복수는 과거에 얽매이는 부정적인 태도이므로 지난 잘못은 용서하고 앞으로 나아가라는 것이다. 진정한 이해와 포용은 적을 친구로 만들고, 진심 어린 사과는 관계를 놀랍게 회복시킨다는 것이다.

그렇다고 상대가 잘못을 저지를 때마다 무조건 용서하라는 뜻은 아니다. 사라 이마스는 『유대인 엄마는 회복탄력성부터 키운다』에서 용서해 준다는 것을 이용하여 같은 잘못을 되풀이하거나 자신을 함부로 대하는 사람에게는 단호하게 대처해야 한다고 했다. 싫은 것을 싫다고 말하고 상대의 잘못에 대해 책임을 요구하는 것이다. 자신을 함부로 대하는 사람에게 대처하려면 용기가 필요하다. 그 용기는 자신이 소중한 존재라는 믿음, 질문과 토론을 통한 생각하는 힘, 역경 극복의 경험으로부터 길러지는 내면의 힘에서 나온다.

그렇다면 "너그러움과 포용력은 어떻게 기를 수 있을까?"

"너 때문이야!" 남 탓만 하는 아이들

잘못을 저지른 아이들 이야기를 듣다 보면 각자 나름의 이유가 있다. 친구가 자기를 잡으려고 쫓아와서 복도에서 전력질주를 한 것이고, 친구가 먼저 때려서 자기도 때린 것이며, 소문을 내려던 것이 아니라 다른 사람에게 들은 내용을 전했을 뿐이라고 말이다. 걸렸을 때는 상대의 잘못은 부풀리고 자신의 잘못은 쏙 빼거나 축소해서 얘기한다. 잘못을 지적하면 억울한 얼굴로 왜 자기만 혼내냐고 따지고 들기 일쑤다.

더 난감한 경우는 자기가 무슨 잘못을 했는지조차 모를 때다. 어느 날 퇴근 무렵 어머님이 다급하게 학교로 찾아오셨다. 같은 반 친구가 딸을 지속적으로 괴롭혔다는 것이다. 아이들끼리 석 달간에 걸쳐 주고 받은 카톡 내용을 보여주며 상황을 설명해 주셨다.

그다지 친한 친구가 없던 둘은 같은 모둠이 되면서 함께 어울리는 시간이 많아졌다. 좀 더 공부를 잘했던 친구가 다른 친구에게 수학 공부를 시켜준다며 모르는 수학 문제를 가르쳐주고 숙제를 내주기도 했다. 자기가 만들어 온 문제로 수학시험도 치면서 친구가 못하면 혼내기까지 했다. 점점 의도적으로 친구를 무시하는 경우가 많아졌다. 외모를 가지고 놀리고 자기 뜻대로 해주지 않으면 심한 욕설을 퍼부을 때도 있었다.

다음 날 친구를 괴롭혔다는 아이를 불러 자초지정을 들었다. 수학 가르쳐주는 것은 친구도 동의한 일이고 자신은 친구를 괴롭히거나 욕한 적이 없다고 펄펄 뛰었다. 하지만 카톡으로 주고받은 내용에 대해 묻자 마지못해 사실을 인정하기 시작했다. 친구가 처음과는 달리 자기 뜻대로 해주지 않는 경우가 많아져 화가 나서 욕하고 놀린 거란다. 싫다는 표현을 안 해서 괜찮은 줄 알았다며 평소 다른 친구들과도 그 정도 욕은 주고받는데 그 정도 말에 상처받았다면 너무 순진한 거라고 오히려 친구를 탓했다.

조목조목 자신의 생각을 펼치는 아이는 한 점 거리낌 없이 당당했다. 결국 자기 잘못은 하나도 없다는 주장에 교사인 나도 잠시 할 말을 잃었다. 아이들은 이처럼 나쁜 의도가 없었다면 큰 잘못이라고 여기지 않거나 지극히 자기중심적으로 판단해 버린다. 자신에게 책임이 없다고 생각하니 다른 사람 탓을 하게 되는 것이다.

우선 잘못한 점을 스스로 깨닫게 하는 과정이 필요했다. 비난하거나 추궁하는 것처럼 들리지 않게 최대한 조심하면서 자신을 되돌아 볼 수 있는 질문을 던졌다.

"친구는 어떤 마음으로 네가 하자는 대로 해주었을까?"

"친구는 하고 싶은 것이 없었을까? 친구가 원하는 것을 먼저 물어본 적 있니?"

"화가 난다고 너에게만 말해줬던 비밀을 들춰내 공격했을 때 그 친구의 기분은 어땠을까?"

"'친구도 없는 게', '수학도 못하는 게' 이런 말이 사실이니까 말한 거라고 했지. 사실이라면 어떤 말이라도 해도 되는 걸까?"

이 아이는 '친구는 자기의 말을 잘 들어주는 사람'이라고 굳게 믿고 있었다. 자신의 말을 잘 들어줄 것 같은 아이에게 다가갔다가 뜻대로 되지 않으면 헤어지고 다른 친구 사귀기를 반복해 왔다. 그럴 때마다 친구 탓을 했을 뿐 자신에게도 잘못이 있다고 생각한 적은 한 번도 없다고 했다.

여러 차례 상담을 통해 친구는 서로 마음을 주고받으며 우정과 신뢰를 쌓아가는 존재지 무조건 내 말을 들어주는 존재가 아니라는 것을 어느 정도 이해했다. 아무리 화가 나도 상대의 약점을 들춰내는 말을 해서는 안 되며, 사실이라도 상대를 상처 입히는 말을 해서는 안 된다는 것도 수긍했다. 친구를 대하는 방식이 갑자기 180도 바뀌지는 않았지만 거칠 것 없던 말과 행동에 조심성이 묻어나는 것이 보였고, 상대를 들여다보려는 노력이 시작됐다.

이 상황은 긍정적으로 마무리되었지만 모든 문제에 부모나 교사가 개입할 수는 없다. 자신의 잘못을 인정하고 책임지는 아이로 길러 문제를 스스로 해결하도록 해야 한다. 어릴 때부터 선과 악을 구분하는 법을 가르쳐 가치 판단 기준을 명확히 세우고 도덕성의 뿌리를 단단하게 내릴 수 있도록 이끌어주어야 한다.

루스 실로의 『유태인은 자녀를 이렇게 키운다』에서 뉴욕 심리학자 찰스 샤퍼 박사는 자녀를 훌륭하게 키워낸 유대인 부모 50명에게 물었다.

"현재 자녀를 키우는 부모에게 해줄 수 있는 조언은 무엇인가요?"

공통적인 대답은 의외로 단순했다.

"아이에게 기본적인 가치관을 가르쳐야 합니다."

정직, 도덕적 용기, 협동심 등 윤리관과 양심을 가르쳐야 한다는 것이다. 바람직한 윤리관은 하루아침에 형성되지 않는다. 어릴 때부터 어른이 본보기로서 역할을 하며 아이를 도와주어야 한다.

"기본적인 가치관이 바로선 아이로 기르려면 무엇을 해야 할까?"

2
인성이 바로 서야
아이가 바로 선다

공부보다 인성이 먼저다

세계적인 문학가 괴테와 독일 나치스 정권의 선전 장관이었던 괴벨스는 둘 다 천재적인 언어지능을 가졌지만 전혀 다른 삶을 살았다. 괴테는 작품을 통해 많은 사람들에게 용기와 희망을 선사했지만 괴벨스는 히틀러를 지지하는 탁월한 연설가로 활동하며 제2차 세계대전과 홀로코스트의 중추적인 역할을 했다.

KBS 제작팀은 『9번째 지능』에서 둘의 생각의 차이는 9번째 지능에서 비롯되었다고 한다. 하워드 가드너 박사는 이 9번째 지능을 '실존지능'이라고 정의했고, 하버드대 조세핀 김 교수는 '인생에 대해 깊고 다양한 질문을 하며 그 해답을 찾아가는 능력'이라는 설명을 덧붙였다.

"나의 재능으로 어떤 삶을 살아야 할까?"

9번째 지능이 발달한 사람은 공헌에 중점을 둔 질문을 던지며 더 많은 사람이 혜택을 받을 수 있는 가치 있는 일에 자신의 재능을 쓴다. 이런 삶을 사는 사람들은 세상을 긍정적으로 바꿔가며 삶에 대한 만족도도 커지게 된다.

이 둘의 인성은 어떤 차이가 있었을까. 괴벨스는 병 때문에 어릴 때부터 의족에 의지하며 살아야 했던 현실에 좌절했고 또래의 따돌림에 분노를 키웠다. 결국 그는 인간다움을 잃고 자신을 멸시했던 세상에 복수를 감행한다. 반면 괴테는 소중한 사람들을 잃은 아픔을 깊은 인내심을 가지고 견뎌냈으며 자신이 겪은 고통을 승화시켜 다른 이의 마음을 움직이는 작품으로 탄생시킨다.

인성은 인간다운 성품이자 역량이다. 같은 재능이라도 어떤 인성을 가진 사람에게서 발휘되느냐에 따라 전혀 다른 결과가 나오게 된다. 능력보다 인성을 먼저 길러야 하는 이유다. 하지만 성공하려면 성적부터 올려야 한다는 강박관념에 사로잡혀 여전히 인성은 뒷전이다. 인성은 자라면서 저절로 갖추게 될 것이라는 안일한 태도도 한몫한다. 인성은 머리로 배운다고 길러지는 것이 아니라 보고 듣고 경험하는 모든 것이 연결되어 조금씩 형성되어 가는 것이다.

앤서니 브라운의 『돼지책』을 읽고 토론을 할 때였다. 책 속에는 엄마가 모든 집안일을 도맡아 하는 것을 당연하게 여기며 손가락 하나까딱 않는 아빠와 아들들이 등장한다. 집안일을 가족이 분담하는 것에 대해 토론하던 중 한 아이가 자신의 의견을 강하게 내비쳤다.

"성장기 어린이에게 집안일을 시켜서는 안 된다고 생각해요. 전에 집안일을 돕다가 시험을 망친 적이 있어요."

실제로 하고 있지는 않더라도 집안일은 가족이 분담해야 한다고 생각하기 마련인데 이 아이는 집안일을 해서는 안 된다고 당당하게 외치고 있었다. 이렇게까지 확신에 찬 태도가 어디서 비롯되었는지 궁금했다. 학기 초에는 웃음도 많고 친구들을 기꺼이 도와주던 아이가 얼굴에 피곤함이 가득하고 자기중심적으로 변해가는 것을 걱정스럽게 지켜보던 터였다.

유난히 학원 이야기를 많이 하기 시작했고, 시험 점수에 따라 용돈이 달라진다며 시험 결과에 집착했다. 방과 후에 모둠 친구들과 협업 과제를 하기로 했는데 사과나 양해 없이 남은 일을 떠넘기고 학원에 가버리는 경우도 있었다. 자신이 돋보이는 일이나 상을 주는 대회에서는 지나친 경쟁심을 보이다가도 남이 알아주지 않는 일이나 손해가 될 만한 일에는 나서지 않았다.

부모님과 상담하면서 걱정되는 부분에 대해 조심스럽게 이야기를 꺼냈더니 몇 달 전 공부를 철저하게 시키는 학원으로 옮겨서 그런 것 같다고 하셨다. 엄격하게 실력을 테스트하여 주기적으로 반 편성을 하다 보니 스트레스를 많이 받고 있단다. 아이의 시험 스케줄에 맞춰 가족생활 패턴을 바꿨을 정도로, 공부할 수 있는 최적의 환경을 만들어주기 위해 온 가족이 매달리고 있었다. 아이도 성적을 위해 다른 것을 희생하는 것을 점점 당연하게 여기고 있었다. 부모님도 학교에서의 아이 모습을 알고 크게 놀라긴 하셨지만 성적을 올리려면 어쩔 수 없다고 한숨을 내쉬셨다.

이야기를 듣다 보니 인성을 내세우는 것이 성적 올리는 데 걸림돌이 되는 것처럼 느껴질 정도였다. 하지만 부모님들이 미처 생각하지 못하는 부분이 있다. 자기 자신과 공부만 아는 아이들이 모인 교실에서는 공부를 제대로 할 수 없다는 것이다.

10년 넘게 아이들을 가르쳐왔어도 사건 사고가 끊이지 않는 날이 계속되면 학교 가기가 두려워진다. 갖가지 방법으로 속을 뒤집어 놓으며 결국은 화를 내게 만드는 아이들이 밉고, 매번 예상을 뛰어넘는 문제를 만들어내는 아이들이 버겁다. 개학을 앞두고는 한 학기 내내 신경전을 벌였던 아이를 다시 봐야 한다는 중압감에 시달리며 며칠 밤을 뜬눈으로 지새운 적도 있다. 이런 상황 속에서는 잘 가르치고 싶다는 마음보다는 빨리 한 해가 지나가기만을 바라게 된다.

아이들은 어떨까. 너도 나도 이익에 따라 행동하다 보면 갈등은 끊이지 않고 친구 관계가 틀어지기 일쑤다. 친구들의 냉대는 학교를 한순간에 지옥으로 바꿔놓고, 이간질, 폭력, 외로움으로 인한 불안과 두려움은 집중력과 학습의욕을 떨어뜨린다. 이런 상황이 지속되면 자존감도 점점 낮아진다.

결국 사람다운 사람이 되는 것이 먼저다. 아이의 행복과 인생의 질을 결정하는 인성은 어릴 때 교육을 통해 길러야 한다. 우물쭈물하다 이 시기를 놓치면 바로잡기가 쉽지 않다. 2015년부터 시행된 인성 교육진흥법에서는 인성 교육이 '내면을 바르게 건전하게 가꾸고, 타인·공동체·자연과 더불어 사는 데 필요한 인간다운 성품과 역량을 기르는 교육'이라고 했다. 교육을 통해 예·효·정직·책임·존중·배려·소통·협동·자율·공감·시민의식·용기·성실·절제·긍정 등의 인성 덕목을 내면화하고 실천할 수 있도록 하는 것이다.

올바른 가치관에 바탕을 둔 생각은 나와 다른 사람을 이롭게 하는 말과 행동을 낳고, 좋은 인성에 뿌리를 내린 재능은 공동체를 변화시키는 선한 힘이 될 것이다.

자신을 사랑하는 자존감도 중요한 인성이다

학기 초 학부모 상담은 아이를 입체적으로 파악하고 부모님들과 교감할 수 있는 소중한 시간이다. 방문 상담이 힘든 경우 전화로라도 꼭 학부모님과 상담을 한다. 부모님이 생각하는 아이의 모습, 지금까지의 학교생활, 교우 관계, 가정생활을 들으면서 퍼즐을 맞춰나간다. 이해가 가지 않았던 아이의 행동이 비로소 납득이 가고, 아이들 특성에 따라 어떻게 대하는 것이 좋은지 깨닫게 된다.

상담을 할 때 일 년 동안 아이를 위해 선생님이 꼭 해주었으면 하는 한 가지가 무엇인지 묻는다. 교우 관계에 신경 써달라는 것, 발표를 많이 시켜달라는 것 등 다양한 바람이 있었지만 가장 많이 들었던 말은 자존감을 높여달라는 것이었다.

부모님이 기대하는 자존감 높은 아이가 갖춰야 할 모습은 복합적이다. 적극적이고 당당하며 똑 부러지게 자신의 의견을 말하는 아이, 적응력이 뛰어나고 친구들과 스스럼없이 잘 어울리는 아이, 쉽게 포기하지 않고 새로운 일에 도전하는 아이, 긍정적인 태도로 어려움을 극복하는 아이다. 친구 사귀는 데 어려움을 겪고 매사에 소극적이고 주체성이 부족한 것은 자존감이 낮기 때문이라고 생각한다.

그토록 중요하게 생각하는 자존감이라는 게 도대체 뭘까. 자존감은 자기 자신을 존중하고 사랑하는 마음인데, 스스로에 대해 생각하고 느끼는 정도에 따라 자존감이 높거나 낮다고 표현한다. 자존감은 다른 사람이 자신을 대하는 시선과 태도에 의해 만들어지게 된다.

초등교육 전문가 김선호는 『초등자존감의 힘』에서 자존감은 '자아존재감'이라는 바탕에 '자아존중감'이 자리하면서 이뤄지는 것이라고 했다. 자아존재감은 다른 사람이 나를 바라볼 때 자신의 존재를 인식하는 것이고 자아존중감은 자신이 형편없는 상태일지라도 자신을 바라보는 사람이 있을 때 형성된다는 것이다. 결국 나를 믿어주고 사랑을 주는 존재를 통해 자존감이 높아진다는 것을 알 수 있다.

아이들은 끊임없이 자신의 존재를 드러내며 인정받고 싶어 한다. 쉬는 시간마다 몰려와 이런저런 이야기를 던지며 선생님을 한시도 가만 놔두지 않는다.

"선생님, 저 이번 주 토요일에 광장 무대에서 사물놀이 공연해요."

"어제 태권도 관장님이 제 다리가 쭉 찢어진다고 칭찬해 주셨어요. 제 몸이 정말 유연하대요."

"수학경시대회 2주밖에 안 남아서 학원에서 오후 내내 공부해야 해요. 힘들어 죽겠어요."

무심한 듯 사실을 말하거나 하소연을 하는 듯해도 공감과 칭찬을 받고 싶어 하는 마음은 매한가지다. 맞장구를 쳐주면 무척 흡족한 표정을 지으며 돌아간다. 자존감이 낮은 아이는 마음이 더 쓰이기 마련인데, 아이의 사소한 행동이나 말을 기억해 두었다가 아는 척을 하면 눈빛이 흔들리며 얼굴에 미소가 번진다.

가족은 깊은 애착관계를 맺고 있기에 자존감 형성에 훨씬 큰 영향을 미친다. 부모로부터 신뢰받지 못한 아이는 주눅이 들어 있고, 다른 사람의 눈치를 살피는 경우가 많다. 5학년 새 학기가 시작된 지 얼마 안 되어 부모님의 전화를 한 통 받았다. 격앙된 목소리로 그동안의 상황을 설명하셨다. 같은 모둠 친구가 아들 물건을 빌려가서는 절대로 안 돌려준다는 것이었다. 풀, 가위, 줄넘기까지 벌써 세 번째라며 다음 날 학교에 찾아와 '절도를 저지른 도둑'을 혼내줄 거라 단단히 벼르고 계셨다.

일단 어머님이 학교에 찾아와 직접 아이와 대면하는 것은 안 된다고 단호하게 선을 그었다. 어른이 주의를 주면 무서워서 같은 일을 반복하지 않을 거라 생각하지만 부모의 개입이 상황을 악화시키는 경우가 훨씬 더 많다. 상대 아이 입장에서는 자신의 이야기를 들어보지 않고 친구 부모님에게 혼이 나면 억울하지 않겠는가. 고학년씩이나 돼서 사소한 문제 하나 해결 못 하고 고자질이나 하는 아이로 낙인찍힐 수도 있다. '친구 부모님이 무서워' 함께 어울리려 하지 않아 무리에 끼지 못할 수도 있다.

왕따 문제까지 걱정하는 어머니를 일단 안심시키며 양쪽 이야기를 들어보고 해결하겠다고 말씀드렸다. 큰일이 아니라고 판단되었지만 혹시라도 정말 따돌림이라면 더욱 신중해야 했다. 괴롭힘이 더 교묘하고 치밀해질 수 있기 때문이다.

다음 날 아이가 엄마와 함께 등교해서 좀 놀랐다. 출근길에 데려다준 것이라고는 하셨지만 기어코 상담실까지 따라오셔서 아이 옆에 앉으셨다. 그동안 있었던 일에 대해 듣는데 아이는 쭈뼛거리며 말을 잘 이어나가지 못했다. 엄마는 한숨을 내쉬며 답답함과 짜증이 섞인 목소리로 아들을 다그쳤다.

"너 어제는 엄마한테 그렇게 얘기 안 했잖아. 또박또박 제대로 설명드려야지."

아이는 더 주눅이 들어 입을 다물어버렸다. 더 이상은 안 되겠다 싶어 아이와 따로 이야기한 뒤 나중에 연락드리기로 하고 어머니를 돌려보냈다. 자초지종을 들어보니 심각한 문제는 아니었다. 친구가 물건을 돌려주지 않은 것은 기분 나쁘지만 원래 친한 아이라서 물건만 돌려주면 괜찮다는 것이다. 오히려 자기 때문에 친구가 엄마나 선생님에게 혼날까 봐 걱정하고 있었다.

쉬는 시간에는 물건을 가져간 아이와도 상담을 했다. 아이는 갑자기 불려와서 당황한 기색이 역력했다. 이런저런 질문을 던지자 자신은 친구 약을 올리려고 물건을 가져간 것뿐이라며 어쩔 줄 몰라 했다. 물론 잘못은 있지만 부모님과 선생님의 개입이 없어도 아이들끼리 충분히 해결할 수 있는 상황이었다.

이 일을 통해 아이는 상담실까지 쫓아왔던 엄마가 자신을 친구에게

당하기나 하는 한심한 사람으로 생각하는 것에 깊은 상처를 받았다. 사소한 문제도 해결 못 할 거라 여기며 조바심을 내는 엄마를 힘들어 했고, 무엇보다 엄마가 도둑으로 몰아간 친구를 똑바로 보지 못했다. 어머님께 해결 과정을 설명드릴 때 아이가 스스로 해결할 때까지 믿고 기다려달라는 말을 함께 전했지만 힘들어하는 아이를 보며 오랫동안 마음이 무거웠다.

가족의 기대와 믿음이 어떻게 아이를 변화시키는지 잘 알려주는 동화가 있다. 아이들에게 깊은 울림을 주었던 김란주의 『커다란 악어알』이다.

커다란 악어알에서 대단한 새끼 악어가 나올 거라는 가족의 기대와는 달리 '굉장이'는 왜소하고 볼품없는 모습으로 태어났다. 실망한 가족들은 비실거리는 굉장이에게 한마디씩 던진다.

"큰 알을 깨고 나오느라 먹을 기운도 없나 봐요."

"황새 다리가 따로 없네. 한 발짝만 걸어도 똑 부러지겠지?"

"꼬리도 약해서 꼬르륵 가라앉을 거예요."

이런 말을 들을수록 굉장이는 점점 더 움츠러들며 아무것도 하지 못한다. 가족들의 지나친 걱정과 불안이 아무것도 못하게 만든 것이다. 그런데 할머니의 등장으로 상황은 역전된다. 할머니는 굉장이에 대한 기대를 거침없이 드러낸다.

"요 몸으로 저 큰 알을 깨고 나왔으니, 코끼리처럼 쿵쿵 잘 걷겠구나."

"거북이처럼 집을 지고도 헤엄칠 수 있겠구나!"

잔뜩 주눅이 들어 있던 굉장이는 두 발로 힘차게 돌아다니며 먹이를 먹고 자신감 있게 헤엄을 치기 시작한다.

꾕장이는 마지막 장면에서 의미심장한 말을 남긴다.

"휴, 아무것도 못하는 줄 알았네."

꾕장이의 마지막 말은 우리 반 아이들 마음을 덜컥 내려앉게 만들었다. 만약 할머니가 안 계셨더라면 자신감을 잃은 채로 별 볼 일 없는 악어로 자랐을 테니 말이다.

태어날 때부터 어른과 동등한 인격체로 존중받으며 자라는 유대인들은 자존감이 매우 높다. 아이는 주변의 기대와 믿음을 먹고 자라며 사랑하는 사람과 연결되어 있다는 느낌을 통해 스스로를 인정하고 사랑할 수 있게 된다. 아이의 자존감이 높아지기를 바란다면 조건 없는 사랑과 신뢰를 주는 것이 먼저다.

아이 스스로 자존감을 높이는 방법도 있다. 바로 다른 사람을 돕는 것이다. 자신이 다른 사람에게 필요한 존재라는 것을 인식하면 더 많은 사람에게 도움이 되기 위해 자신의 역량을 키우고자 노력한다. 크고 작은 성공의 경험을 통해 자신에 대한 믿음이 생기게 되며, 실패나 어려움에 쉽게 굴하지 않고 가치 있는 일을 이루기 위해 도전하는 자세를 갖게 된다.

나눔은 선함과 리더십을 끄집어내는 훌륭한 도구다

'아이들은 믿는 대로 자란다.'

매년 성격도 재능도 다른 아이들을 겪으면서 확신을 갖게 된 말이다.

'그런 걸 어떻게 하겠어?'

아이들의 능력에 한계를 긋고 시도조차 하지 않았던 적이 많았다. 겉으로는 믿는 척하며 불안한 마음에 따라다니면서 간섭한 적도 있다. 자기 힘으로 이뤄가는 '과정'에서도 배우는 것이 많은 법인데 그럴듯한 결과물이 나올 것 같지 않으면 아이들을 닦달하기 일쑤였다.

그런데 이런 고정관념은 아이들이 불쑥불쑥 보여주는 놀라운 모습을 통해 서서히 부서졌다. 아이들이 하도 졸라 학예회 공연을 맡긴 적이 있는데 어찌나 신나게 준비를 하던지. 틈만 나면 삼삼오오 모여 연습에 몰두했다.

'연기를 제법 잘하네. 평소 말수가 적어 수줍음이 많다고 생각했는데 저런 면도 있었나?'

'소품을 정교하게 잘 만들었네. 제법인걸.'

공연을 마친 후에는 성취감이 하늘을 찌를 듯했고, 당장이라도 새로운 프로젝트에 달려들 기세였다.

아이들의 불타오르는 열정에 힘입어 다양한 시도를 해보았다. 책을 깊이 읽어본 경험이 없는 아이들이었지만 『논어』 읽기 프로젝트에 도전했고, 영어를 잘 못했지만 영어 대본을 달달 외워 남이섬의 외국인 관광객들을 대상으로 세계 어린이 돕기 캠페인을 진행했다. 체육 수업, 친구와의 1:1 수업, 학년 행사, 온종일 책 읽기 행사를 스스로 준비하고 진행하면서 아이들은 놀랍게 변해갔다.

갈고닦을 기회를 주면 인성도 재능처럼 자랄 거라는 믿음이 생겼다.

하지만 아이들을 둘러싼 환경이 그리 좋지는 않다. 선함을 세상 물정 모르는 순진함으로 치부해 버리고, 아낌없이 나눠주는 사람을 자기 것도 제대로 못 챙기는 어리석은 사람 취급 한다. 치열한 경쟁 속에서 인성 좋은 아이보다 성적 좋은 아이들이 더 대접받는다. 아이들을 버릇없고 이기적이라고 몰아세우기 전에 인성을 기를 수 있는 환경을 만들기 위해 어른들이 먼저 노력해야 한다.

나눔과 봉사는 아이 안에 내재해 있는 선함을 인성으로 이어지게 하는 좋은 방법이다. 다른 사람을 돕다 보면 어려운 사람에게 관심을 갖기 시작하고 역지사지의 태도로 상대를 이해하려고 노력하게 된다. 그 과정에서 시야가 넓어지고 좀 더 넓은 포용력을 갖게 된다.

학교가 지저분하다며 아이들 불만이 커졌던 때가 있다. 복도와 계단에는 과자 봉지와 사탕 껍질이 굴러다니고, 계단 구석에서 먹다 남은 우유가 발견되기도 했다. 아이들은 지저분하다고 불평만 늘어놨지 자기 청소 구역이 아닌 곳의 쓰레기를 치우려고 하지는 않았다.

이 상황을 잘 활용하면 아이들을 변화시킬 좋은 기회가 될 것 같았다.

"쓰레기를 버리고 싶은데 쓰레기통은 보이지가 않네. 너희라면 깨끗한 길과 쓰레기가 널려 있는 길 중 어느 곳에 버릴 것 같니?"

예상대로 쓰레기가 있는 곳에 버리겠다고 했다.

"어차피 지저분한데 쓰레기 하나 더 버려도 모를걸요?"

다른 아이들도 친구 말에 고개를 끄덕였다.

"그래, '깨진 유리창 법칙'이라는 것이 있단다. 유리창이 깨진 자동차는 유리창이 멀쩡한 차에 비해 범죄의 표적이 될 확률이 높아. 자동차의 깨진 유리창을 방치해 두면 그곳을 중심으로 범죄가 퍼져 나간다는 이론이야.”

“그러면 쓰레기가 굴러다니는 것을 놔두면 복도나 계단에 쓰레기를 버리는 사람이 점점 늘어나겠네요?”

“반대로 쓰레기 하나 없이 깨끗해지면 잘 안 버리겠네요?”

이쯤 되자 자기들끼리 이야기를 주고받기 시작했다. 그러다 한 아이가 눈을 반짝이며 큰 소리로 외쳤다.

“그럼 제가 주울래요.”

이 말 한마디가 우리 반에 작은 변화를 일으켰다.

‘쓰레기는 보이는 대로 내가 주워요.’

문구를 만들어 칠판에 붙이고 본격적으로 쓰레기 줍기에 나섰다. 학교 구석구석을 탐색해 쓰레기를 찾아내고, 빗자루를 들고 출동하는 날도 있었다. 처음에는 ‘내가 버린 것도 아닌데 저걸 왜 내가 주워’라고 생각하며 동참하지 않던 아이들도 깨끗한 복도를 보니 기분이 좋다며 참여하기 시작했다. 다시 깔끔함을 되찾은 곳에는 예전처럼 쓰레기가 쌓이는 일이 없어졌다.

쓰레기 줍기는 많은 선물을 안겨주었다.

“여러 사람이 지나다니는 복도가 깨끗하면 모두 기분 좋잖아요.”

다른 사람의 기분까지 고려하게 되었고, 학교라는 공간을 바라보는 시각이 달라졌다. 자신이 좋은 사람이 된 것 같다며 흡족해하는 아이들도 많았다. 이런 기회가 많을수록 자기 안의 좋은 면을 더 많이 발견하게 될 것이라는 깨달음을 준 사건이었다.

나눔은 리더십을 끄집어내는 훌륭한 도구이기도 하다. 세계은행 총재를 지낸 김용은 의사로서 비영리 의료봉사 기구를 조직해 봉사 활동을 펼쳤고, 빈민 지역에서 결핵과 에이즈 퇴치를 위해 헌신했다. 오바마 대통령은 김용의 발자취와 그의 가치관을 높이 평가하며 그를 세계은행 총재로 임명했다.

백지연과 김용 총재의 인터뷰 내용을 담은 『무엇이 되기 위해 살지 마라』에서 김용은 세상이 인정하는 높은 자리에 오르는 것에는 관심을 둔 적이 없었음을 밝힌다. 그의 행보는 세상의 성공을 거머쥐겠다는 태도와 거리가 멀었다. 아홉 살 때 마틴 루터 킹 목사의 암살사건을 접하며 '세상의 불평등을 없애겠다'고 다짐했고, 이 결심은 의사가 된 후 빈민 지역에서의 봉사 활동을 시작으로 많은 사람을 돕는 계기가 되었다. 그가 세계은행 총재가 된 것은 공동체에 헌신하는 삶의 태도를 지닌 그를 필요로 하는 사람들이 있었기 때문이다.

그가 공헌하는 삶을 살게 된 것은 부모님의 영향이 컸다.

"세계의 문제가 바로 네 문제다."

"위대한 것에 도전하라."

그의 어머니는 그가 어릴 때부터 세상에 어떤 일이 일어나고 있는지 관심을 갖도록 했으며, 세상에 무엇을 줄 수 있는지 끊임없이 고민하게 했다. 세상을 다른 방법으로도 볼 수 있다는 것을 경험을 통해 깨닫게 하면서, 포용력과 넓은 사고를 갖추게 한 것이다.

나눔에 삶의 가치를 둔 인성 교육은 삶의 방향을 바꾸는 힘이 있다. 최효찬의 『현대 명문가의 자녀교육』에서는 봉사와 헌신에 삶의 가치를 둔 인성 교육이야말로 동서고금을 막론하고 모든 명문가에서 발견되는 공통된 모습이라는 것을 강조한다. 나의 시선이 세상을 향하고 내가 지닌 역량을 세상을 위해 쓰는 기쁨을 맛본 아이들은 자신뿐 아니라 세상을 끊임없이 바꿔나갈 것이다.

CHAPTER
02

유대인은 어떻게 인성 교육을
하는가?

유대인이 하나님 말씀을 지키기 위해 토라와 탈무드를 끊임없이 배우고 익히는 것은 의무이자 평생의 과업이다. 유대인 부모들은 자녀가 하나님 말씀을 잘 지키고 하나님을 닮은 훌륭한 사람으로 성장할 수 있도록 어릴 때부터 토라와 탈무드를 철저하게 교육한다.

그런데 유대인이 토라를 가르치기 전부터 강조하는 것이 있다. 바로 인성 교육이다. 랍비 라베이누 요나는 '사람은 인성을 먼저 함양해야 한다. 그런 뒤에야 토라가 그 안에 머물 것이다. 왜냐하면 토라는 인격이 함양되지 않은 자에게는 결코 머물지 않기 때문이다'라고 했다. 결국 하나님 말씀을 아무리 많이 배워도 받아들이는 아이들의 인성이 바로 서지 않으면 그 말씀이 올바로 자리 잡을 수 없음을 강조하는 것이다.

유대인들이 인성 교육에서 무엇보다 중요하게 여기는 것은 쩨다카를 통해 나눔과 자선을 매일 실천하는 것이다. 하브루타로 앎을 나누고 쩨다카로 나눔을 실천하면서 더 나은 세상을 만들겠다는 티쿤올람을 이뤄나가고 있다.

1
탁월한 아이로 키우는
유대인의 교육

티쿤올람
세상에 대한 공헌을 실천하는 유대인

▮ 더 나은 세상을
만들어가는 아이들

과학 시간에 우리 몸의 기관에 대해 배우다가 장기 이식에 대한 질문이 나왔다.

"정말 심장을 다른 사람에게 줄 수 있어요?"

"그럼 그 사람은 어떻게 살아요?"

몸속 기관을 다른 사람에게 줄 수 있다는 사실이 믿기지 않는 모양이었다. 장기 이식의 뜻을 먼저 알려주고 기증자가 살아 있을 때와 뇌사 상태일 때, 사후에 기증할 수 있는 장기가 각기 다르다는 것을 차분히 설명해 주었다. 그제야 토끼눈이 되었던 아이들이 안도의 한숨을 쉬었다.

심리학자 최인철의 『프레임』을 보면 장기 기증 제도에 대한 비교가 나온다. 우리나라는 장기 기증자가 되려면 서약서를 작성해야 하는 '가입하기(Opt-in)' 제도를 실시하고 있다. 반면 유럽 여러 나라는 태어날 때부터 자동적으로 장기 기증자가 되며 원치 않을 경우에만 탈퇴서를 작성하는 '탈퇴하기(Opt-out)' 제도를 시행하고 있다.

최인철 교수는 똑같은 선택을 두고 프레임만 바꾼 것이라고 설명한다. 심리학에서 말하는 프레임은 '세상을 바라보는 마음의 창'을 의미하는데 사고방식, 고정관념, 문제를 바라보는 관점 등이다. 우리나라 사람들은 '장기를 기증해야 할 이유'를 찾아 결단을 내리는 과정이 필요하지만 유럽 사람들은 '장기 기증을 하지 말아야 할 이유'를 굳이 찾지 않는 이상 기증자로 남아 있게 된다. 프레임의 차이가 생각의 차이를 낳고 결과적으로 기증자 수의 차이를 낳게 된 것이다.

'사랑의 장기 기증 운동본부' 홈페이지를 찾아보니 홈페이지나 휴대폰 어플에서도 장기 기증 서약을 간단하게 할 수 있었다. 선생님은 장기 기증 서약을 했냐고 묻는 아이들 앞에서 멋지게 서약서를 작성하는 모습을 보여주고 싶었지만 막상 실행에 옮기려니 생각이 많아져서 결국 하지 못했다. 프레임의 위력을 다시 한번 깨닫는 순간이었다.

유대인들 역시 남다른 삶의 프레임을 가지고 있다. 유대인의 삶에는 '세상을 고친다'는 티쿤올람 정신이 뿌리 깊게 박혀 있어 하나님의 뜻에 따라 스스로가 세상을 개선해야 할 책임이 있다고 여긴다. 살고 있는 세상을 더 나은 곳으로 만드는 것이 자신에게 주어진 사명이자 의무라고 생각한다.

유대인은 좋은 대학을 가기 위해서나 남들이 부러워하는 부와 성공을 거머쥐기 위해 치열하게 경쟁하지 않는다. 공부는 세상의 문제를 해결할 방법을 찾기 위함이고, 돈을 버는 것은 다른 사람을 더 많이 돕기 위함이기 때문이다. 유대인 중 노벨상 수상자가 많은 이유도 티쿤올람을 실천하기 위해 각 분야에서 자신의 재능을 열심히 갈고닦은 결과로 볼 수 있다. 자신의 성공만을 위해 달리는 아이보다 더 나은 세상을 만들어야 한다는 프레임을 지닌 아이가 넓은 세상으로 눈을 돌려의미 있는 일을 이루려 하기 때문이다.

유현심은 『유대인에게 배우는 부모 수업』에서 티쿤올람을 실천하는 유대인의 업적을 소개한다. 고통받는 사람들을 돕기 위해 재단을 세워각종 의약품을 개발하고, 사람들을 위로하는 아름다운 음악을 만들며, 좀 더 자유롭고 인간다운 삶을 영위할 수 있도록 인터넷 연결망을 만드는 유대인들.

유대인 부모는 아이에게 매일 같은 질문을 던진다.

"더 좋은 세상을 만들기 위해 어떤 일을 했니?"

아이들은 이 질문에 답하기 위해 매일 세상에 도움이 되는 사람이되고자 노력한다.

자기가 태어나기 전보다

세상을 조금이라도 나은 곳으로 만들어놓고 떠나는 것

자신이 한때 존재했음으로 인해

단 한 사람이라도 행복했다면

그것이 바로 진정한 성공이다.

-랠프 월도 에머슨

시인의 말처럼 나만 행복한 것이 아닌 함께 행복할 수 있는 것, 나로 인해 다른 사람의 삶이 더 나아지는 것이 얼마나 가치 있는 일인가. '좀 더 나은 세상을 만들고 싶다'는 사명을 품고 세상에 공헌하는 아이들이 더 많아졌으면 좋겠다.

삶의 목적과 방향을 스스로 바로 세우는 아이들

'학교 건축은 교도소다.'

유현준 교수의 『어디서 살 것인가』를 펴자마자 마주한 글의 제목을 보고 다시 책을 덮고 싶었다. 너무나 익숙한 공간이라 문제의식이 없었던 나에게 일침을 가하는 말이었기 때문이다. 수십 년 동안 바뀌지 않은 학교 건물 구조, 모든 아이들이 똑같은 교복을 입고, 똑같은 밥을 먹는 모습을 교도소 풍경에 비유하며, 사고와 인성에 중요한 영향을 끼치는 학교 환경의 변화를 촉구하고 있었다. 획일화된 공간에서 비슷한 것을 보고 경험하는 아이들에게 어떻게 반짝이는 상상력과 창의성을 기대할 수 있을까.

아이들의 삶이 이리저리 파도에 휩쓸려 다니는 돛단배 같다는 생각이 들 때가 있다. 학교에 오면 시간표대로 생활하고 방과 후에는 부모님이 정해준 학원 스케줄대로 움직인다. 이루고 싶은 목표도, 꿈도 없이 쳇바퀴를 돌며 제자리걸음을 하고 있다. 틈만 나면 SNS, 게임, 유튜브에 몰두하며 하루하루를 견딜 뿐이다.

삶의 주도권을 어른들에게 내어준 아이들은 자신의 미래에 대해 이야기할 때도 시큰둥하다. 꿈이 무엇인지 물으면 앤디 워홀의 '캠벨 수프' 작품 속 통조림처럼 아이들마다 비슷한 대답을 한다. 미래를 진지하게 고민한 적이 없기 때문이다. 어릴 때부터 강한 신념을 가지고 주체적으로 삶을 가꿔나가는 유대인과는 다른 모습이다. 유대인과의 이러한 차이는 어디서 오는 것일까.

첫째, 자신이 하는 일의 목적과 가치를 분명하게 알고 있느냐의 차이다. 우리 아이들은 공부를 왜 해야 하는지 모른 채 잘하면 칭찬받을 수 있고 좋은 대학에 갈 수 있으니까 그냥 한다. 하지만 공부에 흥미가 없거나 공부보다 재미있는 것들을 만나면 공부는 뒷전으로 밀려나기 일쑤다. 봉사 활동도 대학을 가기 위한 스펙일 뿐이기 때문에 건성으로 참여하게 된다. 반면 유대인은 자신이 왜 공부를 해야 하며 공부를 통해 세상에 어떤 도움이 될지를 분명히 알고 있기 때문에 끊임없이 가치 있는 일을 찾아 실천하려고 한다.

둘째, 자기결정 능력이 있느냐의 차이다. 요즘 아이들은 스스로 결정해 본 경험이 부족하다. 부모가 아이의 결정에 일일이 간섭하거나 부모가 원하는 대로 결정하다 보니 아이는 자신의 결정에 확신을 갖지 못하고 끊임없이 확인받기를 원한다. 체험학습 날 스마트폰을 손에서 놓지 못하는 아이들이 꽤 있었다. 버스에 탑승했을 때, 체험 장소에 도착했을 때, 집에 돌아갈 때 수시로 전화하고, 김밥을 남겨도 되는지, 기념품 상점에서 퍼즐을 사도 되는지까지 일일이 허락받는 모습을 보니 씁쓸해졌다.

결정을 내리기 위해 치열하게 고민해 보지 않은 아이, 실패했을 때의 좌절감을 겪어보지 않은 아이는 안전한 선택만 하려 한다. 일이 잘못되었을 때는 책임을 다른 사람에게 미루며 회피하려 한다. 유대인은 아이를 온실 속에서 애지중지 키우지 않는다. 역경 속으로 아이를 몰아넣지만 실패했을 때는 비난하지 않고 다시 일어설 수 있도록 격려한다. 아이의 결정을 존중하고 지지하면서 스스로 한 걸음씩 나가도록 돕는 것이다. 이 과정을 반복한 아이는 주체성과 자기결정력을 지닌 아이로 성장하게 된다.

그럼 어떻게 아이들이 자신만의 사명을 찾고 그것을 이루기 위해 노력하게 만들 수 있을까? 저널리스트 대니얼 코일의 『탤런트 코드』에는 뇌가 기술을 습득하는 세 가지 방법이 나온다. 이상적인 자기 모습에 대한 비전을 갖게 하는 점화, 목적에 맞게 집중하여 반복하는 심층 연습, 적절한 방법을 제시하며 목표에 도달하도록 이끄는 마스터 코칭이다.

이 세 가지 방법을 적용해 보았다. 첫 번째는 점화다. 역할 모델을 정해 '나도 저런 멋진 사람이 되고 싶다'는 열망을 키우는 것이다. 스티븐 스필버그나 우디 앨런 같은 영화감독, 레너드 번스타인 같은 피아니스트, 페이스북 창업자의 마크 저커버그, 구글 창업자인 래리 페이지, 애플 창업자인 스티브 잡스 같은 IT 전문가처럼 긍정적인 영향을 줄 수 있는 굵직한 인물들이 많다. 꼭 유명인일 필요는 없다. 다독가인 부모님, 성실하게 가게를 꾸려가는 친척이 될 수도 있다.

'아인슈타인이라면 이럴 때 어떻게 했을까.'

'수많은 기자들은 왜 전쟁이 난 나라에 가서 위험을 무릅쓰고 사진을 찍었을까?'

'피카소는 어떻게 창의적인 그림을 그릴 수 있었을까?'

질문을 던지며 인물을 깊게 탐구하고 자신만의 사명을 세워갈 수 있다.

두 번째는 심층 연습이다. 끊임없이 새로운 것에 도전하며 경험을 쌓아야 한다. 세계적인 뇌 교육자이자 벤자민인성영재학교 설립자인 이승헌 박사는 『대한민국에 이런 학교가 있었어?』에서 교사와 부모의 역할을 제시한다. 아이들이 직접 도전하고 경험하며 성장할 수 있는 환경을 만들어주어야 한다는 것이다. 벤자민학교는 '5무(無)', 즉 교실, 교과목 수업, 숙제, 시험, 성적표가 없는 학교다. 대신, 하고 싶은 일을 찾아 도전하는 벤자민 프로젝트와 현장 직업체험활동을 통해 꿈을 발견하고 이를 갈고닦도록 독려하고 있다.

경험한 만큼 생각의 폭도 확장된다. 동식물을 기르며 책임감과 생명을 존중하는 태도를 기를 수 있고, 집안일을 분담하며 노동의 중요성을 깨달을 수 있다. 용돈을 관리하며 경제 흐름을 익히고 소비에 대한 절제심을 키워나간다. 크고 작은 프로젝트를 통해서는 문제 해결력과 협동심을 기를 수 있다.

세 번째는 마스터 코칭이다. 부모님과 선생님이 코치로서 아이에게 필요한 적절한 도움을 줘야 한다. 유대인은 하브루타를 통해 짝끼리 논쟁한 후에 랍비와 함께 내용을 정리하는 '쉬우르' 시간을 갖는다. 잘못 알고 있는 것을 바로잡고 짝 토론에서 해결하지 못한 것을 풀어나가도록 돕는 시간이다. 아이들의 사명이 적절한지, 올바른 방향으로 가고 있는지 함께 이야기 나누고, 어려울 때 적절한 도움을 줄 수 있다.

삶의 목적과 방향을 정한 아이는 자신이 하는 일에 의미와 가치를 부여하며 자신의 길을 더욱 힘차게 갈 수 있다.

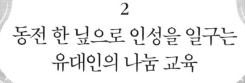

2
동전 한 닢으로 인성을 일구는
유대인의 나눔 교육

쩨다카

자선을 당연한 의무라고 생각하며 성장하는 유대인

쩨다카로 이타적인 마음,
배려심을 갖게 되는 아이들

아이들에게 나눔 정신을 길러주기 위해 학교에서는 NGO와 연계하여 기부활동을 진행하곤 한다. 월드비전에서 진행하는 모금 활동에 참여하기 위해 '사랑의 빵' 나눔 저금통을 나눠줬다.

'100원, 50원, 10원, 10원, 10원.'

한 달 후 아이가 가져온 월드비전 사랑의 빵 저금통 안에 들어 있는 돈이었다. 저금통이 너무 가벼워 나도 모르게 살짝 안을 들여다봤는데 딸랑 180원이었다. 혹시나 해서 다른 저금통도 들여다봤다. 대충 봐도 1,000원도 안 되는 경우가 대부분이었다. 모금 기간에 비해 성의 없는 금액이라 마음이 어지러워졌다.

도대체 왜 이렇게 성의 없이 냈을까 생각하다 예전에 했던 말이 머리를 스치고 지나갔다.

"선생님, 얼마 정도 모아야 해요?"

"적은 돈이라도 정성껏 모아오면 돼."

저금통을 정신없이 나눠주고 있을 때, 이렇게 답했었다. 의미 있는 일이더라도 '얼마 이상' 모아오라는 말은 하고 싶지 않았다. 기부를 강요하는 것 같기도 하고, 거부감을 가질까 조심스러웠기 때문이다. 그런데 대부분의 아이들은 '정성껏'이 아니라 '적은 돈'에 초점을 맞춰 부담 없이 모아왔던 것이다. 적은 돈의 가치를 무시하는 것이 아니다. 편의점이나 분식집에서는 쉽게 지갑을 여는 아이들이 기부에는 인색함을 보이는 태도에 실망했던 것이다. 손에 쥐고 있던 저금통을 물끄러미 바라보다 결국 한숨과 함께 내려놓았다.

'어찌 아이들을 탓하랴?'

교사가 얼마나 관심을 갖고 정성을 쏟느냐에 따라 아이들의 태도도 달라지기 마련인데, 저금통을 나눠주기만 했지 누구에게 어떤 도움이 되는지 제대로 설명해 주지 않았었다.

'어려운 아이들이 처한 상황을 이해하고 상상해 보며 공감을 불러일으켰더라면 어땠을까?'

'선생님도 함께 모았다면 아이들도 좀 더 적극적으로 모으지 않았을

까?'

생각해 보면 굿네이버스 희망편지쓰기도 얼마나 신경을 쓰느냐에 따라 참여 정도가 달라졌었다. '희망편지'는 학교에 가지 못하고 일터로 향해야 하는 친구들에게 응원과 격려의 편지를 쓰는 것인데, 우간다 채석장에서 돌을 깨는 아이, 방글라데시 담배공장에서 일하는 아이들에게 보냈었다.

굿네이버스가 어떤 일을 하는 곳인지 알려주고, 아이들의 삶에 대해 이야기를 나눴을 때는 친구의 아픔에 공감하는 분위기가 형성되어 참여율이 높았다. 하지만 바쁘고 정신이 없어 편지쓰기를 단순히 과제로 내주었던 해는 제출한 아이가 다섯 손가락 안에 들었다. 아이들 마음에 다른 사람을 돕고 싶은 마음이 있어도 실천까지 이어지는 경우는 드물다. 그렇다면 나눔을 '습관'으로 만들면 되지 않을까. 문제는 나눔이 '습관'으로 자리 잡을 때까지는 어느 정도 '강요'가 필요하다는 것이다. 나눔을 '강요'하는 것에 대한 거부감 때문에 나눔 실천을 한동안 미뤄왔다.

그런데 나눔을 강요하는 민족을 보고 생각이 달라졌다. 바로 자선을 선택이 아닌 의무로 생각하는 유대인들이었다.

유대인 부모는 자녀가 아주 어릴 때부터 쩨다카를 통해 나눔을 철저히 교육시킨다. 때문에 아이들은 나눔을 계획하고 실천하는 습관이 몸에 배어 있다. 쩨다카는 히브리어로 '해야 할 당연한 행위, 정의, 의로움'이라는 뜻으로 '자선'으로 해석되며, 어려운 사람을 돕거나 가치 있는 일에 돈을 기부하는 행위를 가리킨다.

하브루타 독서토론 전문가인 유현심과 서상훈은 『유대인에게 배우는 부모수업』에서 유대인들이 자녀교육에서 쩨다카를 얼마나 중요하게 여기고 있는지 강조한다. 유대인 율법에서 쩨다카는 모든 유대인이 반드시 지켜야 하는 당연한 의무다. 랍비 아시는 유대인이 지켜야 하는 613개의 계명 중 하나인 '쩨다카'의 무게가 나머지 612개의 계명을 합친 것의 무게와 같다고 하며 쩨다카의 중요성을 강조했다.

유대인은 수입의 10분의 1 이상을 가난한 사람을 위해 내는 것은 고대부터 의무사항으로 지켜왔다. 유대 가정에서는 쩨다카 자선함을 여러 개 두고 매일 아침 동전을 넣도록 훈련시킨다. 아기라도 예외는 없다. 부모님이 아기의 손에 동전을 쥐여주고 자선함에 함께 넣는다. 그렇게 모인 돈은 필요한 사람들을 위해 기부한다.

어릴 때부터 자연스럽게 다른 사람에게 베푸는 태도를 익히면서 이타적인 아이로 성장하는 것이다. 탈무드원전연구소 소장 김정완은 쩨다카는 마음 밭을 갈아 선한 토대를 만드는 것으로 실천할 때마다 인격이 좋아질 수밖에 없다며 쩨다카의 중요성을 강조했다.

어려운 사람을 보고도 망설이다 기회를 놓치는 경우가 많았다. 다른 중요한 일에 밀려 나눔에 관심을 가지지 못한 때도 있었다. 나눔을 우선순위에 두고 나눔을 지속적으로 실천하기 위한 환경을 만들기 위해서는 부모와 교사의 지속적인 노력이 필요하다.

아이들은 나눔의 기쁨을 어른보다 훨씬 크게 느끼며 그러한 희열이 또 다른 나눔으로 이어지는 연결고리가 된다. 어릴 때부터 나눔을 훈련하다 보면 어려운 사람에게 자연스럽게 다가갈 수 있게 된다. 나눔

을 삶의 일부로 여기며 따뜻한 마음을 가꿔온 아이는 평생 남을 돕고
배려하는 사람으로 자랄 것이다.

겸손과 공동체 의식으로
사회에 공헌하는 인물로 자라는 아이들

'Non sibi(나 자신을 위해서가 아닌).'

미국 명문 사립고 필립스 아카데미의 건학 이념이다. 이 말을 처음
들었을 때는 거부감부터 들었다. 비교와 경쟁을 통해서라도 아이들의
능력을 끌어올리려고 애써왔던 노력들을 통째로 비난받는 것 같아서
였다. 이렇게 대놓고 나 자신을 위해서 살지 말라니. 이기적인 교육 환
경에 익숙해 있던 터라 현실과 동떨어진 말로만 들렸다.

"너보다 영어 늦게 시작한 네 친구는 벌써 영어책을 혼자 줄줄 읽는
다더라."

"옆집 친구는 5학년 때부터 중학교 수학 시작했다더라."

비교는 경쟁심을 부추기는 손쉬운 방법이지만 상대방을 진정한 친
구가 아닌 이겨야 할 존재로 바라보게 만든다. 자신보다 잘하는 친구
앞에서는 열등감을 느끼며 주눅이 들다가도, 못하는 친구 앞에서는 우
월감을 느끼며 한없이 교만해진다.

공부 경쟁에서 뒤처져 자신감을 잃은 아이들은 다른 재능을 펼칠 의
욕조차 잃고 무기력하게 학교생활을 한다. 도움이 되지 않는 친구를

은근히 밀어내는 것을 볼 때마다 마음 한 구석이 찜찜했지만 아이들의 이기심만 탓하면서 불편한 마음을 덮으려 했다.

'경쟁에 몰아넣는 것이 어디 내 탓인가? 치열한 경쟁사회에서 살아남으려면 살아남는 법을 배워야 하지 않나?'

'혼자만 다른 사람을 위해서 살라고 하면 손해 아닌가?'

이러한 답답함은 협동학습을 알게 되면서 조금씩 해소되었다. 서로 도와가며 문제를 해결하고, '함께' 주어진 목표를 멋지게 이뤄내는 모습을 보며 협업의 대단한 힘을 깨닫게 되었다. 협업은 상호존중, 책임, 나눔을 기반으로 한다. 존중하는 마음으로 서로 도와가며 상대의 부족한 부분을 채워주고 자신의 일에 책임을 다하는 것이다. 친구를 도우면서 자신이 더 크게 성장하는 모습을 보고 '나눔'의 매력을 깨닫게 되었다.

독서모임인 독서포럼나비에 나가기 시작하면서 나눔에 대한 생각을 자주 하게 되었다. 3P자기경영연구소의 강규형 대표님은 항상 자신이 가진 것을 나누며 세상에 선한 영향력을 미치는 리더가 되라고 강조하셨다. 오죽하면 독서모임 모토가 '공부해서 남을 주자'일까. 자신의 지식과 경험을 아낌없이 공유하며 다른 사람의 성장을 돕는 사람들을 매주 만나다 보니 나눔에 대한 관심이 커졌고 아이들과의 나눔 교육 활동으로 이어졌다.

아이들과 나눔을 체계적으로 실천하기 시작한 것은 '쩨다카'를 알게 되면서부터다. 하브루타교육협회에서 진행하는 교육을 받으며 '쩨다카'를 처음 알게 되었다. 자료 영상에서 유대인 아이들이 쩨다카 자선함에 동전을 넣는 모습을 보았을 때 우리 반 아이들 모습이 겹쳐 보였다. 가슴이 뛰기 시작했다.

'바로 이거다! 쩨다카를 교실에서 실천해 보자!'

연례행사처럼 반짝 돕고 잊어버리는 것이 아니라, 유대인들처럼 어려운 이웃을 생각하며 매일 동전을 모아보면 어떨까. 혼자 모으면 시간이 많이 걸리겠지만 스무 명이 넘는 아이들이 모두 참여하면 각자 적은 금액을 내도 돈이 빨리 모일 것 같았다. 모은 돈을 지역사회와 다른 나라에 기부하며 학교 울타리 넘어 세계를 생각하는 아이들 모습을 상상하니 설렜다.

유대인들은 선행에도 단계가 있다고 본다. 리브카 울머의 『하브루타 삶의 원칙 쩨다카』에서 마이모니데스는 쩨다카 수준을 8가지로 구분했다.

1. 수혜자가 경제적으로 자립할 수 있도록 돕는다.
2. 제삼자를 통해 신분이 알려지지 않은 수혜자에게 익명으로 쩨다카를 베푼다.
3. 신분이 알려진 수혜자에게 익명으로 쩨다카를 베푼다.
4. 신분이 알려지지 않은 수혜자에게 공개적으로 쩨다카를 베푼다.
5. 부탁을 받기 전에 쩨다카를 베푼다.
6. 부탁을 받은 후 넉넉히 베푼다.
7. 부족하지만 흔쾌히 베푼다.
8. 마지못해 베푼다.

유대인은 남들이 모르게 하는 자선과 스스로 자립할 수 있도록 돕는 것을 가장 가치 있는 것으로 꼽는다. 처음에는 부모님이나 선생님이 시켜서 마지못해 돕기 시작했더라도 나눔의 기쁨을 깨달아가며 점점 주도적으로 '나눔'을 실천할 수 있게 되리라 믿는다.

이제는 'Non sibi'라는 말을 떠올릴 때마다 설렌다. 자신이 배운 것, 가진 것을 나누면서 '나 자신'만이 아닌 '다른 사람, 지역 사회, 세계'를 위해 살아간다는 것은 얼마나 가치 있는 일인가.

거룩한 의무감을 가지고
가진 것을 겸손하게 나누며
다른 사람을 위해 헌신하고
사회 공헌을 위해 애쓰며
공동체를 바로 세워가는 사람

쩨다카를 통해 이런 아이들로 성장했으면 좋겠다.

3
질문과 토론으로 실천적 인성을 기르는 유대인의 교육

하브루타

공동체 안에서 평생에 걸쳐 인성을 기르는 유대인

가치관을 바로 세우고
의지를 키워나가는 아이들

예전보다 어른의 말이 아이에게 미치는 영향력이 줄었지만 여전히 부모와 교사의 한마디는 힘이 세다. 가끔 저학년 담임 선생님께 아이들 이야기를 듣다 보면 별세계다. 급식 시간에 수박의 빨간 속살을 남김없이 깨끗하게 먹은 아이를 칭찬했더니 몇 주 후 다시 수박이 나왔을 때 대부분의 아이들이 수박을 쪽쪽 빨며 열심히 먹더란다. 저학년 담임 선생님은 교사의 말 한마디에도 이렇게나 바뀌는 아이들을 보며 뿌듯하면서도 무거운 책임감을 느낀다고 했다.

몇 년 후 고학년이 된 아이들에게서 어른의 권위에 순순히 따르려는 모습은 찾아보기 어렵다. 자아가 부쩍 자라면서 무조건 지켜야 한다고 생각했던 규칙이나 가치에 대해 의문을 품기 시작한다. 혼란을 통해 분별력과 올바른 가치관을 확립해 나가는 과정에서 자기 주관이 뚜렷해지는 것은 반길 만한 일이다. 하지만 유연한 잣대를 들이대며 잘못을 합리화하는 요령을 익히는 것은 경계해야 한다.

아이들은 어른들이 언제나 옳은 것은 아니며 어른들도 모든 규칙을 따르며 사는 것은 아니라는 것을 서서히 알게 된다. 어른들을 속일 수도 있고, 잘못을 해도 걸리지만 않으면 된다는 생각에 쉽게 잘못을 저지르기도 한다. 선을 넘나들면서 어른들의 반응에 따라 행동의 수위를 조절하는 방법을 터득하고, 걸리더라도 좀 혼나고 말면 된다는 대범함도 생긴다.

이런 현상은 개인의 자유를 강조하고 도덕적 해이가 만연한 사회 분위기와도 관련이 있다. SNS에서 상대를 비방하고 상처 주는 글을 올려도 '표현의 자유' 한마디에 합리화되고, 원칙이나 도덕적 기준을 내세우면 융통성 없고 편협한 사람으로 몰아버린다. 자신의 이익을 위해 다른 사람에게 피해를 줬어도 교묘하게 상황을 모면한다.

하지만 율법을 철저하게 지키는 유대인들은 이런 요령이나 거짓된 행동을 용납하지 않는다. 인성을 매우 중요하게 생각하기 때문이다. 유대인은 평생에 걸쳐 하브루타를 통해 인성 교육을 한다. 하브루타는 두 명이 짝을 지어 서로 질문하고, 대화하고, 토론하고 논쟁하는 교육

71

이다. 태중의 아이와 토라와 탈무드 내용으로 대화하는 태교 하브루타부터 베갯머리 하브루타, 밥상머리 하브루타, 일상 하브루타까지. 수많은 질문과 토론을 통해 가치관을 바로 세우고 실천의지를 다진다.

부모는 자녀의 인성을 길러주기 위해 다양한 노력을 기울인다. 지시나 전달이 아닌 질문과 토론을 통해 교육한다. 장화용은 『들어주고, 인내하고, 기다리는 유대인 부모처럼』에서 유대인 부모들은 끊임없이 "마따호쉐프" 즉 "네 생각은 뭐니?"라고 묻는다고 한다. 아이를 동등한 인격체로 존중하며 사고를 확장하고 생각을 정립하게 하는 대화식 교육법이다. 유대인들은 무엇이든 당연하게 받아들이는 법이 없고 율법, 가정, 종교, 경제, 교우 관계, 자연현상 등 모든 것에 끊임없이 '왜'를 던지며 의문이 풀릴 때까지 토론하고 또 토론한다.

하브루타를 연구하고 한국에 널리 알리는 데 기여한 전성수 박사는 『자녀교육혁명 하브루타』에서 부모는 자녀를 교훈과 훈계로 양육해야한다고 하였다. 교훈으로 자녀가 나아가야 할 방향을 제시하고, 훈계를 통해 안 되는 부분의 한계를 제시해 줘야 한다는 것이다. 하지만 강압적으로 따르라고만 하면 엇나가기 쉽다. 충분히 흔들려 보며 스스로 생각을 정립하게 하는 데 하브루타는 매우 효과적인 방법이다.

다양한 견해를 접하면서 폭넓은 관점과 포용력을 갖게 된다. 다른 사람의 말에 귀 기울이며 경청하는 태도를 기르고, 상대를 설득하면서 비판적이고 논리적인 사고력이 커진다. 친구들과 협업하여 문제를 해결하는 과정에서 서로 존중하는 마음이 생기고 지혜롭게 의사소통하는 방법을 터득해 간다.

요즘 많은 가정과 학교에서 하브루타를 실천하고 있다. 일주일에 한 번 온 가족이 둘러앉아 맛있는 음식을 먹으며 생활 속 하브루타를 통해 고민을 해결하기도 한다. 아침 식사 시간에 시사 문제를 토론하는 가정도 있다. 독서 하브루타, 수학 하브루타, 그림 하브루타 등 수업에 하브루타를 활용하는 교사가 늘고 있고, 국어 교과서에도 질문을 만들어 짝과 함께 토론하는 방법이 실려 있어 하브루타를 폭넓게 훈련할 기회가 늘어났다.

학기 초에는 입을 꼭 다물고 있던 아이들도 질문과 토론에 익숙해지면 서로 이야기하고 싶어 안달이 난다. 재잘거리며 자신의 의견을 말하는 모습에는 생기가 가득하다. 누군가 자신의 이야기에 고개를 끄덕이고 관심을 가져주는 것에 행복을 느끼며 친밀함을 쌓아간다.

무엇보다 합리적인 사고를 하며 옳고 그름을 분별할 줄 하는 올바른 인성을 가진 아이로 자라난다.

하브루타로 앎을 나누고, 쩨다카로 나눔을 실천하는 아이들

하나님 말씀대로 살기 위해 토라와 탈무드를 평생 공부하는 유대인이 매년 반복해서 읽는 책이 있다. 탈무드 중 '인성'에 관한 내용을 담은 『피르케이 아보트』다. 탈무드의 히브리어 원전은 20여 권, 영어로 번역된 책은 무려 63권으로 매우 방대하다. 탈무드를 평생에 걸쳐 나뉘 읽어가지만 『피르케이 아보트』만큼은 매년 읽으며 인성을 만들어 간다.

하지만 인성 덕목을 갖추고 있더라도 실천으로 이어지지 않으면 소용이 없다. 이일우·이상찬은 『인성하브루타가 답이다』에서 실천적 인성 교육으로서 체험 중심 인성 하브루타를 강조한다. 체험 중심 인성 하브루타는 인성을 '교육'하기보다 '체험학습'을 통해 바른 인성이 자연스럽게 길러지고 습관화되게 하는 학습방식이다.

12개의 주요 인성 덕목을 꼽았는데 자신을 존중하는 덕목은 정직, 책임, 효도, 예절. 타인과 관계를 유지시켜 주는 덕목은 경청, 공감, 배려, 존중. 공동체 발전에 기여하는 덕목은 소통, 협동, 질서, 나눔이다. 하브루타는 모두가 직접 참여하여 직간접 체험을 통해 실천적 방안을 도출하는 실천적 능력을 기를 수 있는 방법이라고 하였다. 질문과 토론 중심의 하브루타식 학습을 통해 실천적 인성을 기르는 것이다.

실천에 있어서 하브루타와 쩨다카는 매우 밀접한 관계가 있다. 탈무드원전연구소 소장 김정완은 하브루타와 쩨다카는 같은 원리라고 하였다. 이 둘은 어려운 사람을 돕는 행위라는 공통점이 있다는 것이다. 앎이 필요한 사람을 돕는 것이 하브루타고 가난한 사람을 돕는 것이 쩨다카다.

하브루타문화협회 특별강사인 김치남은 "하브루타 없는 쩨다카는 반쪽 쩨다카, 쩨다카 없는 하브루타는 반쪽 하브루타"라고 하였다. 하브루타로 교육을 받고 쩨다카를 실천하며 원리와 실천을 동시에 실현해야 한다는 것이다.

유대인은 나눌수록 풍요로워지고 가르칠수록 지혜로워진다는 것을 알고 있다. 김정완은 하브루타와 쩨다카를 실천하면 놀라운 열매를 맺는다고 강조한다. 지혜롭고 부유한 인재를 양성하게 되고 공동체 복지가 향상되며 공동체 구성원 간 신뢰를 바탕으로 공동체 평화를 구축하게 된다는 것이다.

유대인은 인성 교육에 있어 쩨다카를 매일 실천하는 것을 무엇보다 중요하게 생각한다. 나눔을 당연히 해야 할 일이라고 생각하기 때문에 자발적으로 책임감을 가지고 실천한다. 다른 사람을 도우며 돈을 가치 있게 쓰는 방법을 익힌 아이는 물질적인 가치보다 공동체 의식, 인류애 같은 가치를 우선순위에 놓는다. 사람을 대하는 태도도 다른 사람과는 다르다. 자신이 가진 것에 감사할 줄 알고, 자신보다 어려운 사람을 깔보지 않고 그들을 돕기 위한 방법을 찾아 실천한다.

『최고의 나를 만드는 공감 능력』에서 헬렌 리스도 나눔은 인성을 갈고닦는 데 효과적인 방법이라고 하였다. 사람들은 나눔에 대한 선한 욕구를 가지고 있는데 우리의 뇌는 '남을 돕도록 설계되어 있다'는 것이다. 뇌의 거울 신경과 공유 신경 회로가 타인의 생각을 이해하고 감정을 함께 느낄 수 있도록 한다. 뇌가 다른 사람의 고통을 느낄 수 있게 설계된 것은 피해야 할 것을 알려주는 것 외에도 아픔과 고통을 겪는 타인에게 도움을 주는 마음을 갖도록 하기 위함이라는 것이다.

다른 사람을 돕는 사람은 행복감이 높아지고, 도움을 받은 사람은 또 다른 사람을 돕고 싶어 한다. 나눔의 선순환이 만들어져 생존과 번영에 꼭 필요한 협력을 이루게 되는 것이다.

유대인의 인성 교육의 기본은 하브루타와 쩨다카 교육이다. 끊임없는 질문과 토론을 통해 쩨다카를 실천한다면 진정성 있는 나눔을 할 수 있다. 단순히 '착한 아이가 되고 싶어서' '좋은 사람으로 보이고 싶어서'가 아니라 서로 돕고 살아야 하는 이유를 알고 나눔을 실천하게 하는 것이다.

나눔이 결국 인성을 더 좋게 바꾼다.

CHAPTER
03
아이들과 함께 나눔을 준비하다

아무리 좋은 일이라도 단순히 감정에 이끌려 하는 일은 오래가지 못한다. 나눔도 마찬가지다. 어려운 이웃을 보고 한 번은 도울 수 있지만 그러한 도움이 꾸준히 이어지는 경우는 드물다. 지속적인 나눔의 경험을 통해 나눔이 삶 속에 스며들게 해야 한다.

나눔 습관을 들이기 위해 활동 시작 전 나눔을 준비하는 시간을 충분히 가졌다. 준비 과정이 만만치는 않았다. 처음 해보는 일인 데다가 공교육 기관에서 후원금을 모아 다른 사람을 돕는 것이 간단한 일은 아니었기 때문이다. 선한 목적을 이루기 위한 교육활동이라도 '돈'이 관련되면 조심스러워지기 마련이다. 하지만 걱정 때문에 활동이 위축되지 않도록 더 깊이 고민하고 더 철저하게 준비했다.

아이들과 수시로 의논하며 실천 방법을 결정했고, 부모님을 설득하여 지지를 얻어냈다. 필요한 행정 절차는 학교의 협조를 얻어 처리했다. 준비 과정을 함께하면서 아이들은 돈을 가치 있게 쓰는 법과 정직의 중요성을 알게 되었다. 돈은 책임감을 가지고 정확하고 투명하게 관리해야 한다는 것도 깨닫게 되었다. 시작은 쉽지 않았지만 많은 사람들의 도움과 격려로 나눔을 수월하게 준비할 수 있었다.

함께 나눔 해요(학생 작품)

Give And Take

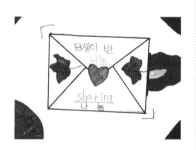

1
나눔에 대해 알아가다

질문으로
나눔에 대해 고민하다

아이들에게 어떤 '가치'를 알려줄 때 난감할 때가 많다. 가치를 지키면서 손해를 감수해야 할 때는 더욱 그렇다. 정직하고 정의로운 사람이 손해를 보고, 남을 속이고 법을 어기는 사람이 버젓이 이득을 취하는 사회에서 정직과 정의에 대한 가치를 내면화하기는 어렵다. 나눔도 마찬가지다. 하나님의 명령으로서 쩨다카를 철저하게 실천하도록 교육받는 유대인들과 달리 나눔이 의무가 아닌 아이들이 나눔의 필요성에 대해 의문을 갖는 것은 자연스러운 일이다.

"나눔은 해도 그만 안 해도 그만 아니에요?"

"다른 사람을 도우면 뭐가 좋은데요?"

나눔을 실천하기 싫어서 이런저런 핑계를 대는 아이들도 있었지만 정말 궁금해서 묻는 아이들도 많았다. 김정완은 『질문 잘하는 유대인 질문 못하는 한국인』에서 질문은 배움의 씨앗이며 배우고자 하는 열망과 의지의 표시라고 하였다. 질문을 통해 배움이 실천으로 나아갈 수 있다고도 하였다.

아이들 입장에서는 나눔을 한다고 당장 어떤 이익이 생기는 것도 아니고, 하지 않아도 딱히 불편하거나 손해 보는 것도 없으니 애써 실천할 필요를 느끼지 못하고 있었다. 나눔에 대한 관심을 높이고 나눔 실천의지를 북돋기 위해 아이들이 궁금해하는 부분을 차근차근 생각해 보는 시간을 가졌다.

첫 번째 질문: 내가 생각하는 나눔은?

나눔에 대한 가치관을 만들어가기 전에 솔직한 생각을 알아보고 싶어 질문부터 던졌다. 뭐든 스펀지처럼 빨아들이는 아이들이라 선생님 의견을 듣고 나면 원래 자신의 생각이었는지 선생님 말을 듣고 생각이 바뀐 것인지 알 수가 없기 때문이다.

우선 '나눔= [ ] 이다.'를 써보라고 했다.

- 나눔은 응원의 행동이다. 나눔이 필요한 사람들에게 무언가를 나눠준다는 것은 '힘내라. 힘내자.' 응원하는 행동 같다.
- 나눔은 자연스러움이다. 친구를 사귀기 힘들거나 어려울 때 마음을 나

누면 자연스럽게 친해질 수 있기 때문이다.

- 나눔은 형제다. 어렵거나 힘들고 슬픈 일이 있을 때 가장 먼저 다가갈 수 있는 사람이기 때문이다.

- 나눔은 나누기다. 왜냐하면 나눔이라는 게 '나누기'라는 것과 비슷하다고 생각하기 때문이다.

- 나눔은 귀찮음이다. 유치원 때부터 무엇을 나눠주라고 선생님이 시키면 그냥 하기 싫고 귀찮았다.

- 나눔은 희망과 불행이다. 나눔 받는 사람은 울 정도로 기쁜데, 나눔 하는 사람은 돈이 아깝다.

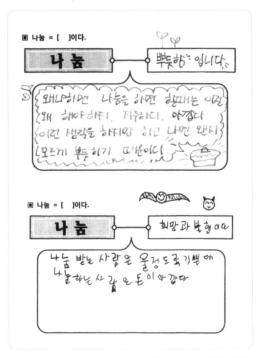

'나눔= [   ]다' 양식 출처: 『생활자 발상학원』, 하쿠호도 생활종합연구소

솔직한 표현에 피식 웃음이 났다. '귀찮음, 불행' 같은 부정적인 표현도 나왔지만 나눔에 대해 대부분 긍정적이라는 사실에 안도했다. 귀찮고 손해 보는 것 같아도 나눔이 좋은 것이라는 것을 막연하나마 느끼고 있었다.

하지만 좋은 일도 중요하다 여기지 않으면 우선순위에서 밀리기 마련이다. 다른 중요한 일도 수두룩한데 굳이 나눔까지 할 필요는 없으니까 말이다.

'나눔의 경험이 얼마나 될까?'

'나눔이 정말 필요하다고 생각하고 있을까?'

'필요하다면 어느 정도로 필요하다고 느끼고 있을까?'

아이들에게 궁금한 점이 점점 많아졌다.

두 번째 질문: 지금까지 무엇을 나눠봤나요?

팽이치기가 한참 유행일 때 너도 나도 자기 팽이를 학교에 가져와서 뽐낸 적이 있다. 쉬는 시간만 되면 갖가지 디자인의 전동팽이들이 쉴 새 없이 돌아갔다. 어느 날 한 아이가 무척 비싸고 성능이 좋은 팽이를 들고 와 겨룰 때마다 승리를 거뒀다.

"네 팽이 한 번만 빌려줄래?"

"절대 안 돼. 이게 얼마짜린데."

부러워하는 아이들 시선은 아랑곳하지 않고 이기는 데만 몰두했다. 하지만 겨루는 과정에서 친구 팽이가 부서져도 사과는커녕, 오히려 팽이가 싸구려라 쉽게 부서진 것이라며 친구를 무시하는 바람에 아무도 그 아이와 놀려고 하지 않게 되었다. 뜨거웠던 팽이열풍이 막을 내릴 위기에 처했다.

더 이상 팽이놀이에 끼지 못하고 교실 구석에서 혼자 팽이를 돌리고 있는 아이를 며칠 동안 지켜보다가 책을 한 권 꺼내들었다. 클레어 레웰린의 동화『왜 나누어야 하나요?』를 반 아이들에게 읽어주며 놀잇감을 나누는 것에 대해 이야기를 나눴다.

주인공 팀은 맛있는 것도 혼자만 먹고, 친구가 놀러 와도 장난감을 만지지도 못하게 한다. 그러다 옆집 친구들이 빌려준 장난감을 함께 가지고 노는 기쁨을 누린 후에야 나누는 것이 얼마나 신나는 일인지 깨닫게 된다.

"팀이 꼭 저 같아요. 같이 놀 사람이 없으니까 팽이도 재미없더라고요."

"그럼 앞으로 어떻게 하고 싶니?"

"친구들하고 팽이게임 계속하고 싶어요."

혼자만 돋보이려고 팽이게임의 열렬한 승자가 되기를 원했던 아이가 한 발짝 양보하며 함께 놀기를 청하고 있었다. 이 아이에 대한 친구들의 감정이 그다지 좋지 않았던 상태라 몇 마디 쓰윽 거들었다.

"그런데 팽이가 없는 친구들은 구경만 해야 하지 않니?"

"팽이가 여러 개 있으니까 몇 개 더 가져와서 같이 놀고 싶어요."

"팽이가 망가져서 속상한 친구들은 게임에 끼고 싶지 않을지 몰라."

"친구들이랑 비슷한 팽이로 가져올 거예요."

잘난 척하던 친구에게 날이 서 있었던 아이들도 선생님이 자기들의 마음을 대변하는 질문을 해주니 그 친구와 다시 놀 마음이 생긴 듯했다. 다음 날부터 여기저기 팽이 돌리는 소리에 교실이 더 시끌벅적해졌지만 그게 뭐 대수랴.

아이들에게 무엇인가 나눠본 경험이 있는지를 질문해 보았다.

· 친구에게 물건을 빌려줬다.
· 동생이 먹고 싶어 하는 과자를 양보했다.
· 친구에게 맛있는 것을 사줬다.
· 바자회에 물건을 기부했다.
· 세계 어린이 돕기 편지쓰기 하면서 후원금도 냈다.

친구에게 물건을 빌려주거나 먹을 것을 사주는 것처럼 생활과 밀접하게 나눔을 실천한 경우가 가장 많았고, 물건이나 돈을 기부한 경우는 학교에서 NGO 단체와 연계해서 참여한 정도였다. 지속적으로 나눔을 실천하고 있는 아이는 아직 없었다.

세 번째 질문: 나눔은 필요할까?

나눔의 필요성에 대해서는 어떻게 생각하는지 궁금했다. 필요하다와 필요하지 않다 한쪽 의견을 써도 되고 양쪽 의견을 모두 쓰는 것도 괜찮다고 했더니 다양한 의견이 나왔다.

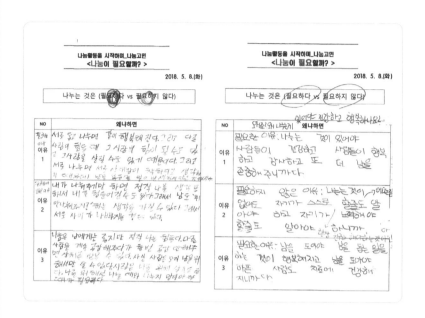

나눔은 필요하다

- 나눔을 많이 하면 서로 친해져 고민과 걱정을 나눌 수 있게 된다.

- 친구와 서로 존중하게 되고, 믿음이 생긴다.

- 나누면 상대방은 기쁠 것이고 나는 내가 자랑스러울 것이다.

- 나눔이 간절히 필요한 아프리카같이 가난한 나라에 사는 사람들에게는 나눔이 희망이 될 수 있다.

- 나누고 베풀 줄 아는 사람이 진짜 바다같이 넓은 마음을 가진 사람이고 그 사람에게 더 많은 복을 줄 거다.

- 모르는 사람에게 내가 아는 것을 알려주면 나의 지식을 잘 사용할 것 같다.

다른 사람에게 도움이 되었다는 공헌감은 자존감을 높여주고, 높은 자존감을 가진 사람은 긍정적인 태도로 세상을 넉넉하게 품을 수 있기에 더 큰 나눔을 할 수 있다.

반면 나눔이 필요하지 않다는 주장에도 고개가 끄덕여졌다.

나눔은 필요하지 않다

- 날마다 필요할 때와 필요하지 않을 때가 있다. 짝꿍에게 지우개 반 조각을 나눠줬는데 나에게 짜증만 부리고 친하게 지내지도 못했다.
- 어떤 사람이 기부를 했는데 어떤 나쁜 사람이 그 사람을 이용하여 기부하는 돈을 그냥 가져갈 수 있기 때문이다.
- 나눔이 필요하다고 생각하지만 너무 나눔만 하면 안 좋다고 생각한다. 왜냐하면 나보다 남을 더 생각하다가 결국 나에게 남는 것이 없어지기 때문이다.
- 다른 사람에게 받기만 하고 하나도 감사하고 나눌 줄 모르는 사람은 줘봤자 소용이 없다. 그 사람은 더 복을 많이 줘도 100% 또 투덜거릴 것이다.

상대방이 필요한 물건이 아닐 때 나눔이 오히려 역효과가 나는 경험을 한 아이도 있었고, 자신이 낸 기부금이 투명하게 쓰이는지 의심하는 아이도 있었다. 일방적으로 나누는 것은 오히려 손해라고 생각하는 아이, '받은 만큼 준다'라는 생각으로 상대가 먼저 주기를 바라는 아이도 있었다.

그렇다면 또 궁금해졌다. 나눔이 좋다는 것을 알고 있는데 나눔을 실천하지 못하게 가로막는 생각들은 뭘까.

네 번째 질문: 나눔을 실천하기 어려운 이유는?

'나는 나눔을 가르칠 자격이 있는 사람인가?'

대단한 나눔을 실천해 본 적 없는 내가 나눔을 가르쳐도 되는지 확신이 서지 않았다.

아이들과 나눔을 실천하다가도 문득 고개를 드는 이런저런 생각들 때문에 자신감을 잃을 때도 있었다.

'이 정도의 후원금이 도움이 되긴 하는 걸까? 상대에게 별 도움도 안 되는데 자기만족을 위해 참여하고 있는 것은 아닐까?'

'왠지 돈으로 때우는 것은 진정성이 없어 보이는데 꾸준히 봉사 활동을 나가야 하지 않을까? 그런데 그건 좀 부담스러운데 어쩐다.'

나눔을 주춤거리게 만드는 장벽이 있다. 내면의 속삭임일 수도 있고 주변의 말이나 차가운 시선일 수도 있다. 아이들도 이러한 '장벽'을 가지고 있을 것 같아 질문을 던졌다.

이번에도 아이들은 솔직했다.

- 나눌 물건이나 돈이 별로 없다.
- 내가 아끼는 물건은 혼자 쓰고 싶다.
- 내가 나눠도 친구들은 안 나눠주기 때문이다.
- 평소에 나에게 못되게 굴고, 자주 싸우는 친구에게는 뭔가 주고 싶지

않다.

- 한번 도와주면 다음에도 또 도와달라고 할까 봐 걱정된다.
- 장난감을 빌려주었는데 욕심내서 안 돌려줄 것 같다.

<table>
<tr><td colspan="2">나눔활동을 시작하며
<이럴 때는 나누고 싶지 않아요>
2019. 4. 17.(수)</td></tr>
<tr><td colspan="2">언제 나누고 싶지 않은 마음이 드나요? 이유와 함께 적어보세요.</td></tr>
<tr><td>NO</td><td>나누고 싶지 않은 때</td><td>그 이유</td></tr>
</table>

나눔을 가로막는 생각을 분류해 보았다. 첫째, 나눔을 돈이나 물건에 한정 짓고 있었다. 그러다 보니 자신이 해줄 것이 별로 없다고 생각했다. 둘째, 관계가 나쁜 상대에게는 나누고 싶어 하지 않았다. 나눔보다 상대에 대한 이해와 사랑이 먼저라는 것을 깨달았다. 셋째, 한번 도와주면 계속 도와줘야 할 것 같은 불안감이었다.

돈이 아무리 많아도 모든 사람을 도울 수는 없고, 일상생활이 흔들리거나 경제적인 어려움까지 겪으며 무리하게 나눔 활동을 하는 것은 어렵다. 단기 해외봉사를 가기 전 국제워크캠프에서 사전교육을 받을 때 크게 깨달은 것이 있다. 나눔에도 원칙과 기준이 필요하다는 것이다. 워크캠프에서 요구한 원칙 중 하나는 현지 사람들에게 돈이나 고가의 물건을 주지 말라는 것이었다. 같은 일이 반복되면 자립할 수 있는 힘을 잃어버리기 때문이다. 선한 동기로 도운 일도 받는 사람에게는 해가 될 수 있다는 것을 깨달았다.

나의 상황에 맞춰 각자 나눔에 대한 자신만의 기준과 원칙을 세우면 지치지 않고 지속적으로 나눔을 실천할 수 있다.

다섯 번째 질문: 나누고 싶지 않은 것은?

나눔을 할 때 자신이 소중히 여기는 것도 내놓아야 할까 봐 불안해하는 아이들이 있었다. 이기적인 아이로 비칠까 봐 질문에 솔직하게 답하기를 꺼리는 아이들이 있어서 나의 경험담을 고백했다.

"선생님은 해외에 나가면 음식 욕심이 많아져서 먹을 것은 잘 나눠주지 않는단다."

급식 시간에 본 선생님은 음식에 집착하는 사람이 아닌데, 음식 욕심을 부린다고 하니 이유를 무척 궁금해했다. 한국에서는 원할 때 먹고 싶은 음식을 먹을 수 있어 양보하는 여유를 부릴 수 있다. 하지만 해외여행 중에 원하는 음식을 제때 먹지 못하는 날이 계속되면 불안한 마음에 비상식량이 생길 때마다 배낭 깊숙이 숨겨놓는다고 고백했다.

선생님의 솔직한 이야기를 들은 후에야 아이들은 자신의 의견을 솔직하게 밝혔다.

- 애착인형 불라불라: 내가 두 살 때 엄마가 만들어주셔서 나의 추억이 담겨 있기 때문에
- 엄마 아빠의 사랑: 동생이 두 명이라 사랑을 조금밖에 받지 못하고 있기 때문에
- 나의 재능: 친구에게 내가 가장 자신 있고 잘하는 것을 가르쳐주었더니, 내가 알려준 것을 친구들한테 자랑하고 다니면서 나를 배신하고, 인기가 많아졌기 때문에

· 우리 엄마: 내가 어릴 때는 엄마가 나만 바라봤는데 언니가 사춘기여서
  엄마가 언니에게만 신경 쓰기 때문에

· 『논어』 책: 일 년 동안 매일 한 쪽씩 읽은 『논어』. 내가 깨달은 점, 적용
  할 점을 빼곡하게 기록했고, 친구가 써준 소중한 댓글도 있기 때문에

스마트폰이나 장난감이 많이 나올 것이라 생각했는데 사랑하는 사
람이나 애정 어린 물건이 많이 나왔다. 특히 가족을 독차지하고 싶은
마음이 절절하게 느껴졌다. 일 년 동안 친구들과 함께 읽으며 깨달은
점, 삶에 적용할 점을 채워 넣은 『논어』는 아이들에게 이미 돈으로도
그 가치를 헤아릴 수 없는 보물이 되어 있었다.

"무언가를 안다는 것은 그것을 좋아하는 것만 못하고, 좋아하는 것은
즐기는 것만 못하다."

『논어』에 나오는 구절처럼 아이들이 나눔의 필요성을 알고, 나눔을
좋아하는 사람, 나눔을 즐기는 사람이 되길 바란다.

나눔은 작은 관심에서
시작된다

쉬는 시간에 아이들을 유심히 관찰하면 교우 관계를 읽어낼 수 있

다. 한시도 떨어지지 않고 붙어 다니던 단짝이 각각 다른 친구들과 놀고 있으면 서로 냉전 중, 여기저기 흩어져 보드 게임할 때 모여 있는 아이들이 요즘 어울리는 친구, 한 친구 자리에 여자아이들이 우르르 모여 있으면 그 아이 중심으로 팀이 형성 중이라는 것을 알 수 있다. 쉬는 시간마다 팔짱을 끼고 화장실로 사라지면 단짝이 되었다는 것을 의미하고, 수시로 점심 축구를 제안하며 남자아이를 우르르 데리고 사라지는 아이는 팀의 중심에 있다는 뜻이다.

그중에 '혼자' 책을 읽거나 숙제를 하고 있는 아이가 있으면 좀 더 주의 깊게 살핀다. 하고 싶은 일을 하며 혼자 있는 시간을 즐기는 아이라면 걱정할 필요가 없지만 활기차게 노는 친구들을 흘끔거리며 함께 어울리고 싶은 아이라면 상황이 다르다. 똘똘 뭉쳐 노는 친구들 틈을 비집고 들어가기란 쉽지 않기에 같이 놀자는 얘기가 쉽게 나오지 않는다. 함께 노는 아이들이 먼저 다가오면 참 좋을 텐데, 자기들끼리 노느라 다른 아이들은 안중에도 없다. 내가 이렇게 즐거운데 별로 친하지 않은 친구의 마음까지 헤아릴 필요를 느끼지 못하는 것이다.

섬처럼 표류하는 아이들을 보며 다니엘 디포의 『로빈슨 크루소』가 떠올랐다. '20년 넘게 무인도에 살았던 로빈슨 크루소가 외로울까? 쉬는 시간마다 혼자 시간을 보내야 하는 저 아이들이 더 외로울까?' 긴 세월을 빼고 생각해 보면 와글대는 친구들 속에서 혼자 시간을 보내는 것이 더 괴로워 보였다.

어느 날 아이들의 성향이 드러나는 사건이 벌어졌다. 사건이 일어나기 얼마 전 아이들은 상추씨를 심은 작은 화분을 창틀에 놓고 기르기 시작했다. 등교하자마자 정성껏 물을 주고, 얼마나 자랐는지 수시로 들여다보며 애지중지 돌봤다. 그런데 한 아이가 자기 화분에 물을 주다 실수로 옆 화분을 떨어뜨린 것이다. 아뿔싸 하필이면 떡잎이 소담하게 자란 화분이었다.

상추가 잘 자라서 친구들의 부러움을 한 몸에 받던 화분 주인인 아이는 교실 바닥에 쏟아진 흙과 흩어진 떡잎을 보고 어쩔 줄 몰라 하다가 결국 울음을 터트렸다.

상황을 해결하려고 우는 아이에게 다가가려다가 자리에서 벌떡 일어나 재빠르게 움직이는 아이들을 보고 일단 지켜보기로 했다. 빗자루를 가져와 함께 흙을 쓰는 아이들, 훌쩍이는 친구를 다독이며 위로하는 아이들, 실오라기 같은 뿌리를 지닌 연약한 상추를 살려보겠다고 조심스럽게 다시 심는 아이도 있었다. 반면에 손 하나 까딱 안 하고 진행 상황을 실시간으로 보고하는 아이들도 있었다. 가장 눈에 띄었던 것은 이런 소동에도 아랑곳하지 않고 자기 자리를 지키며 자기 할 일을 하고 있던 아이들이었다.

화분이 정리된 후 이 일을 함께 이야기하며 각자의 행동을 되짚어 보았다. 우느라 정신없었던 아이는 자신을 위로해 준 친구들과 바닥과 화분을 정리해 준 친구들에게 감사 인사를 했다. 상황을 중계하던 아이는 아무 도움을 주지 못한 것을 미안해하며 멋쩍은 웃음을 지었다. 시끌벅적한 소동 속에서도 조용히 자기 할 일을 하고 있던 아이에게는 이유를 넌지시 물어보았다.

"무슨 일이 일어났는지 잘 몰랐어요."

친구들이 분주하게 움직이고 있어도 별로 친한 아이가 아니라 크게 신경 쓰기 않았던 것이다.

"만약 너희 화분이 쏟아졌을 때 아무도 관심 갖지 않고 각자 자기 할 일만 하고 있었다면 어떤 기분이 들었을 것 같니?"

여기저기서 대답이 쏟아졌다.

"친구들이 밉고, 더 서러웠을 것 같아요."

"외로워서 많이 울었을 거예요. 저 혼자인 것 같아서요."

"그래. 우리 반에서 일어나는 일에 관심을 갖고 돕겠다는 마음을 가졌으면 좋겠구나. 관심을 가져주는 것만으로도 힘이 된단다."

화분 사건은 상추 씨앗을 새로 심는 것으로 마무리되었다. 이날 이후로 아이들은 서로 끈끈하게 연결되었고 새로 심은 상추씨에서 싹이 나는 것을 지켜보면서 돈독함도 함께 자랐다.

아이들은 다른 친구에게 얼마나 관심을 갖고 있을까? 일 년에 두 번 이상 교우 관계 조사를 하는데 단짝 친구, 친한 친구, 앞으로 친해지고 싶은 친구, 어색하거나 불편한 친구를 구분해서 써보라고 한다. 반에는 친화력이 높은 아이도 있지만 친한 친구들 외에는 관심을 갖지 않는 아이도 있다. 보이지 않는 선을 그어놓고 선 밖으로 나가지도 않고, 낯선 친구를 들여놓지도 않는 것이다.

친구들끼리 관심을 갖고 친밀감을 높일 수 있도록 학교에서 실천할 일 세 가지를 만들었다.

첫째, 등교하면 먼저 등교한 모든 친구에게 인사하기다. 인사를 건네며 평소 관심이 없었던 친구에게도 관심을 갖기 시작하고 그동안 몰랐던 친구의 새로운 면을 발견하기도 한다. 나처럼 손톱 물어뜯는 친구에게서 친근감을 느끼고, 평소 큰 소리로 인사하며 들어오던 친구가 어깨가 축 늘어져 자리에 앉는 것을 보면 괜히 가서 한마디 던지게 된다.

둘째, 월요일 수업 시작 전에 주말에 있었던 일을 나누는 것이다. 갓 난쟁이 동생을 돌봐야 하는 친구에게 위로의 말이 쏟아지고, 말 안 듣는 동생을 힘들어하는 친구에게 안타까운 시선이 향한다. 서로를 보듬고 공감하며 공통분모를 찾는 이 시간을 손꼽아 기다리는 아이들이 많아졌다.

셋째, 결석한 친구에게 연락하여 안부를 묻는 것이다. 결석 첫날은 왜 안 오냐고 묻던 아이들도 2~3일 지나면 친구가 잘 지내는지 궁금해하지 않는 경우가 많다. 그럴 때 잠깐 스마트폰을 켜고 친구에게 격려 메시지를 보내게 하면 친구에 대한 관심이 다시 높아진다.

교통사고로 2주 동안 못 나온 친구를 그리워하며 친구 자리에 인형을 가져다놓은 후 그 앞에 교과서를 펴놓는 것을 보고 가슴 뭉클한 적도 있다. 친구도 함께 공부하는 중이란다.

깊은 정서적 유대감을 느끼며 관계의 중요성을 깨달은 아이는 삶의 지향점이 달라진다. 나를 넘어 다른 사람에게도 관심을 갖게 되는 것이다. 이러한 관심이 나눔의 시작이다.

기시미 이치로의『미움받을 용기』에는 이런 구절이 나온다.

우리 인생에도 '길잡이 별'이 필요하다.
'타인에게 공헌한다'는 길잡이 별만 놓치지 않는다면

헤맬 일도 없고 뭘 해도 상관없다.

'다른 사람에 대한 관심'이 길잡이 별이 되어 다른 사람을 돕는 아이들이 더 많아지길 바란다.

감사가 나눔으로
이어지다

'응? 미국 슈퍼리치들이 자신들에게 세금을 더 걷어가라고 편지를 썼다고?'

기사를 다시 찬찬히 읽어 내려갔다. 19명의 미국 억만장자들이 2020년 미국 대선 후보들에게 보낸 공개서한에 자신들 같은 0.1% 부자들에게 부유세를 부과하라고 쓴 것이다. 부유세는 일정액 이상 자산을 보유한 사람들에게 더 많이 과세하는 것이다. 세금은 되도록 적게 내고 싶어 하기 마련이다. 하지만 이들은 새로운 세금은 중산층이나 저소득층이 아닌 부유한 사람에게서 나와야 한다고 주장하고 있었다. 경제 발전, 보건의료 개선, 기회균등, 민주적 자유 강화를 위해 세금을 활용하라는 것이었다.

무엇보다 부자들에게는 더 많은 세금을 납부할 경제적·도덕적·윤리적 책임이 있다는 주장이 놀라웠다. 기사를 읽으며 유일한 박사를 떠올렸다. 미국에서 이미 성공한 사업가였던 그는 "건강한 국민만이 주권을 되찾을 수 있다"며 우리나라로 돌아와 유한양행을 설립하고 각종 약을 개발해 보급한다. 철저한 신념에 따라 투명하고 정직하게 기업을 경영했으며, 독립운동에 헌신했고, 교육을 통해 인재 양성에 힘썼다.

"기업의 이익은 그 기업을 키워준 사회에 돌려줘야 한다."

그답게 마지막 가는 길에도 전 재산을 사회에 환원했다. 미국 부자들과 유일한 박사의 공통점은 자신들이 이룬 것에 감사하고 있다는 점이다. 성공이 스스로의 실력과 노력만으로 일궈낸 것이 아니라고 생각했기 때문에 받은 만큼 돌려줘야 한다는 결정을 할 수 있었던 것이다.

우리는 자신에게 주어진 것들을 당연하게 여기곤 한다. 건강한 두 다리로 원하는 곳을 자유롭게 돌아다니는 것, 수돗물을 틀면 언제든 깨끗한 물을 쓸 수 있는 것, 성별에 상관없이 학교를 다닐 수 있고, 학교를 마치면 돌아갈 집이 있다는 것을 말이다.

이 당연한 것을 아무리 발버둥 쳐도 가질 수 없는 아이들도 많다. 장애를 가지고 태어나 마음껏 뛰어놀지 못하는 아이, 급식이 없는 방학이면 끼니 걱정을 해야 하는 아이, 돈을 벌기 위해 하루 10시간씩 더위를 견디며 카카오를 따야 하는 아이, 여자라는 이유로 학교를 다니지 못하는 아이들도 있다.

감사할 줄 아는 아이는 삶을 살아가는 태도가 다르다.

- 이해심이 깊고 다름을 포용할 수 있다.
- 매사에 긍정적이고 힘든 상황 속에서도 감사를 찾아낼 줄 안다.

- 자신이 가진 것을 함부로 뽐내거나 교만하게 행동하지 않는다.
- 다른 사람을 함부로 무시하거나 상처 주지 않는다.
- 나 이외에 다른 사람에게 눈을 돌려 세심하게 살핀다.
- "정말 불쌍하다. 이 아이들에 비하면 나는 훨씬 행복한 거야"라며 가벼운 동정심이나 안도감, 우월감을 갖지 않도록 노력한다.
- 자신이 누리고 있는 것을 다른 사람이 누렸으면 하는 마음으로 남을 도울 수 있는 방법을 찾으려고 노력한다.

감사할 줄 아는 아이는 주변을 둘러볼 줄 알고, 다른 사람을 세심하게 살필 줄 알며, 다른 사람의 문제를 함께 해결하고자 한다. 나의 행복뿐 아니라 다른 사람의 행복도 추구하는 삶을 살게 되는 것이다. '인간답게 살 권리'를 충분히 누리지 못하고 있는 아이들이 존중받으며 건강하게 자라는 것, 배움의 자유를 누리며 성장하는 것을 '당연히' 여기는 날이 빨리 오기를 바란다.

유대인은 단결력이 매우 강하단다. 서로 밀어주고 끌어주며 같은 민족 사람들이 어려움에 처한 것을 보면 적극적으로 나서서 돕지. 어떻게 그럴 수 있냐고? 어릴 때부터 공동체를 먼저 생각하는 교육을 철저하게 받고, 쩨다카를 통해 나눔을 의무적으로 실천한 덕분이란다.

우리나라에도 나라와 민족을 먼저 생각한 분들이 많단다. 그중 우리 반에 두터운 팬층을 확보하고 있는 간송 전형필 선생님을 떠올려 봐. 한상남의 『간송 선생님이 다시 찾은 우리 문화 유산 이야기』를 함께 읽으며 전형필 선생님이 기여한 일들을 짚어봤잖니.

일제 강점기 때 일본으로 넘어갈 위기에 처한 우리 문화재를 지키기 위해 자신의 재산을 팔아 고려청자, 그림 등을 적극적으로 사들이셨어. 훈민정음 해례본도 일본 사람들보다 간송 선생님이 먼저 구입한 덕분에 한글 창제 원리를 밝힐 수 있게 된 거란다. 3·1 만세운동 때 독립선언서를 찍어낸 보성학교가 문 닫을 위기에 처하자 땅을 팔아 지켜내셨지.

그 많은 문화재를 사들일 정도로 엄청난 재력가였지만 이끌어주는 스승을 만나지 못했다면 그저 평범한 부자로 살았을지도 몰라. 특별한 스승과의 만남을 통해 전형필 선생님은 자신의 모든 것을 걸고 우리나라의 정신과 문화를 지켜내기로 결심했어. 민족정신이 깃든 문화재 수집에 온 힘을 쏟으며 항일투쟁을 하기로 삶의 방향을 정한 것이지. 그 스승이 바로 서화가이자 민족 대표 33인 중 한 명인 독립운동가 위창 오세창 선생님이란다.

우리가 훌륭한 사람이라고 부르는 이들의 삶을 들여다보면 성공도 혼자 힘으로 이룬 것이 아니라는 것을 알 수 있어. 끊임없이 격려하고, 방향을 제시하고, 힘이 되어주는 사람들이 주변에 있었지.

선생님도 열심히 노력해서 원하는 것을 이루고 나면 혼자 해낸 것처럼 성취감에 취할 때가 종종 있었단다. 그런데 『뿌리』의 저자 알렉스 헤일리의 이야기를 읽고 선생님의 교만한 마음이 부끄러워졌지. 미국에서 인종차별이 심했던 시기에 흑인으로서 어렵게 작가의 꿈을 이룬 헤일리는 거북이가 담장 위에 올라가 있는 사진을 걸어두고 수시로 보았단다. 혼자서는 담장 위에 오를 수 없는 거북이가 누군가의 도움으로 그 위에 올라왔듯, 자신도 다른 사람의 도움으로 성공했다는 사실을 잊지 않기 위해서라는구나.

지금의 선생님이 되기까지 많은 분들의 도움이 있었어. 3P자기경영연구소의 강규형 대표님은 독서포럼나비를 만들어 수많은 사람들이 책을 통해 더 큰 꿈을 꾸게 이끌어주고 계시지. 독서포럼나비에 나가면서 책을 사랑하게 되고 적극적으로 독서교육을 시작하게 되었단다.

지금 너희들이 보고 있는 선생님은 예전의 선생님과는 많이 달라진 모습이란다. 이인희 선생님은 선생님이 더 좋은 교사가 되고 싶다는 비전을 갖게 해준 분이야. 우리가 하고 있는 하브루타, 쩨다카를 배울 수 있도록 하브루타 교육의 장을 열어주신 분들께도 감사하고 있단다. 『논어』

읽기를 함께 고민하고 실천한 동료 선생님들과 『논어』를 열심히 읽는 너희들에게도 감사해. 혼자서는 절대 『논어』 읽기 프로젝트를 해내지 못했을 거야.

우리의 나눔 활동을 적극적으로 격려해 주신 학부모님도 빠질 수 없지. 학부모 공개수업을 마친 후 어머님 한 분이 조용히 다가와 선생님 손을 꼭 잡고 말씀하셨단다.

"선생님을 만나 뵙고 꼭 감사 인사를 전하고 싶어서 왔어요. 밥퍼 봉사다녀와서 아이가 자신감이 많이 생겼어요. 감사합니다."

마음이 먹먹해져서 잠깐 동안 움직일 수 없을 정도였단다.

선생님은 너희들이 항상 겸허한 자세로 다른 사람에 대한 감사를 잊지 않는 사람이 되었으면 좋겠어.

다른 사람이 너희를 이런 사람으로 기억했으면 좋겠구나.

다른 사람의 삶을 변화시키는 사람
세상과 다른 사람의 결핍을 채우는 사람
옳다고 생각하는 일을 묵묵히 해나가는 사람
다른 사람을 지지하고 격려하는 따뜻한 사람

그리고
너희를 떠올렸을 때 '늘 고마운 사람'이면 좋겠구나.

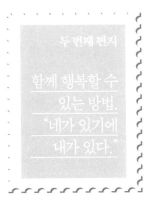

유대인은 전 세계 어디를 가나 다른 유대인들에게 도움을 청할 수 있고, 기꺼이 도움을 받을 수 있단다. 공동체가 바로 세워져야 공동체에 속한 개인도 더 행복해질 수 있다고 생각하기 때문이지. 더 나은 세상을 만든다는 티쿤올람 사상에 뿌리를 내리고 있는 유대인들은 자신의 재능과 부로 사회에 기여하는 것을 당연하게 여긴단다.

너희들은 서로가 연결되어 있다는 사실이 실감 나지 않는다고 했지. 그때 마크 저커버그가 갓 태어난 딸에게 쓴 편지를 떠올렸어. 자신의 재산 기부를 결심하는 기빙 플레지 서약을 하면서 쓴 내용이지.

"우리는 네가 지금 우리의 삶보다 더 나은 세상에서 자라나길 바란다. 그렇게 되기 위해 우리는 우리가 할 수 있는 일을 하려고 해. 네가 살아가는 동안에 사람들의 잠재력이 더 발휘되고 평등이 실현되는 세상이 되었으면 좋겠어."

저커버그는 자신의 딸만 잘 키우는 것보다 딸이 살아갈 세상을 좋게 만들기 위해 노력하는 것이 중요하다고 생각했어. 딸이 살아갈 세상이 평등해진다면 더 많은 사람들이 좋은 환경에서 훌륭한 사람으로 성장할 것이고, 딸은 좋은 사람들과 함께 더 행복한 삶을 살 수 있을 거라고 생각했던 거야. 결국 우리는 서로 영향을 끼치며 함께 살아가고 있거든.

유대인들만 공동체를 중요하게 여기는 것은 아니야. 저 멀리 아프리카에도 공동체를 중시하는 '우분투(Ubuntu)'라는 전통사상이 있단다.

'네가 있기에 내가 있다(I am because you are).'

이런 뜻을 가지고 있는 우분투는 남아프리카의 반투어에서 유래한 말인데, 넬슨 만델라 대통령이 자주 언급하면서 널리 알려졌단다.

"우분투는 우리 주변의 공동체가 더 나아지게 하는 행동을 하는 것이며 존경, 도움, 나눔, 공동체, 보살핌, 믿음, 헌신 같은 많은 의미를 지니고 있다."

흑인 인권운동가이자 남아프리카공화국 최초의 흑인 대통령으로 노벨평화상을 수상한 분이 한 말이라 더 묵직하게 다가온 구절이었어.

선생님의 꿈 목록에 '만델라 대통령과 직접 만나서 대화 나누기'가 있었는데, 수년 전에 돌아가셔서 안타깝게도 그 꿈을 이루지 못했단다. 아쉬움이 남아서인지 그분이 남긴 말들을 더 깊이 새기게 된단다.

남아프리카공화국 성공회의 데즈먼드 투투 대주교님도 우리는 서로 이어져 있으며 우리가 하는 일 하나하나가 세상 전체에 영향을 미친다고 하셨어. 좋은 일을 하면 선한 영향력이 퍼져 다른 곳에서도 좋은 일이 일어나게 만든다는 것이지. 우분투 정신을 갖춘 사람은 마음이 열려 있고 다른 사람을 기꺼이 도우며 다른 사람의 생각을 인정할 줄 아는 사람이라고 하셨어. 관용과 봉사의 정신을 갖춘 사람이라는 것이지.

철학자인 최진석 교수님도 『탁월한 사유의 시선』에서 연결에 대해 이야기하셨어. 공부가 깊어지고 많은 경험을 쌓을수록 '나의 이익은 공동체의 이익과 깊게 연결되어 있다는 것'을 깨닫게 되셨다고 해. 자기에게 필요한 것만을 찾기보다는 시대의 병을 함께 아파하라고 하셨단다.

"시대의 병이 어떤 것을 의미하는 것 같니?"

너희에게 물었지.

'가난한 사람이 필요한 도움을 못 받는 것, 아픈 사람이 제때 치료받지 못하는 것, 학교를 제대로 못 다니는 것, 전쟁이나 자연재해로 살 집이 없어진 것' 등을 이야기했었지. 내가 가진 것과 누리고 있는 것을 당연하게 여기지 않고 감사한 마음을 갖는 것이 다른 사람의 고통을 함께 아파하고 어려움을 함께 고민할 수 있는 첫걸음이란다.

내가 가진 것을 꽉 움켜쥐고 나 혼자만 행복한 것보다
내가 좀 덜 갖더라도 내가 가진 것을 흘려보내면서
더 많은 사람이 함께 행복한 것이
더 가치 있다고 생각하는 사람
그런 사람이 되었으면 좋겠구나.

함께 행복하고자 하는 사람이 늘어나면
그 뒤를 따르는 사람들이 생겨나고
세상은 점점 더 좋아질 거라 믿어.

나 혼자만 잘 되면 된다는 이기적인 마음이 들 때면 아프리카 속담을 떠올려 보렴.

"혼자 가면 빨리 가지만 여럿이 가면 멀리 간다."

2
우리도 나눔을
할 수 있어요

나눔은
배워가는 것이다

추운 날 길에서 전단지를 나눠주고 있는 어르신이 보이면 주머니에서 손을 빼고 속도를 늦춰 걷는다. 어느새 내 손에는 어김없이 전단지가 쥐어져 있다. 전에는 전단지 나눠주는 분을 피해 종종걸음으로 지나치기 바빴는데, 친구의 말 한마디가 나를 바꿔놓았다.

친구에게 필요도 없는 전단지를 왜 받냐고 물었을 때 친구는 멋쩍게 웃으며 이렇게 답했다.

"내가 전단지를 받으면 저분이 더 빨리 집으로 돌아갈 수 있잖아."

이 한마디의 위력은 대단해서 벌써 10년 넘게 그 친구처럼 전단지를 그냥 지나치지 못하고 있다. 나눔은 보고 듣는 것을 통해 차분히 배워나가는 것이다. 그리고 배움이 삶으로 연결되려면 연습이 필요하다. 팔에 깁스를 한 친구를 위해 어떤 친구가 식판에 대신 밥을 받아주면 다음 날에는 여러 명이 밥을 받아주겠다고 나선다. 필통이 떨어져 펜이 와르르 쏟아졌을 때 옆 친구가 벌떡 일어나 펜을 줍기 시작하면 그 주변으로 아이들이 모여 함께 줍는다. 문을 밀고 자기만 쏙 빠져나갔던 아이에게 뒤에 따라오는 사람이 있으면 문을 잡아주는 거라고 알려 줬더니 저 멀리서 사람이 보이기만 해도 문을 잡고 기다렸다.

나눔도 배우면 할 수 있다는 확신이 들었다. 나눔을 배울 때 중요한 것은 첫째, '나눔이 결코 어렵지 않다는 것', '아주 작은 것도 나눌 수 있다'는 것을 깨닫는 것이다. 김하늘의 『세상에서 가장 쉬운 일, 자원봉사』에는 울고 있는 사람 옆에 가서 아무것도 묻지 않고 함께 울어주는 남태평양 바누아투 사람들 이야기가 나온다. 아이들은 슬퍼하는 친구 옆에 있어주는 것만으로도 나눔이 될 수 있다는 것을 깨달으며 나눔에 대한 부담감을 어느 정도 내려놓을 수 있었다.

전성실의 『살아 있는 것도 나눔이다』를 통해서는 '살아 있는 것 그 자체가 나눔'이라는 것, 자신에게 먼저 나눠야 받는 사람의 마음을 헤아릴 수 있다는 것을 알려주었다. 아이들은 자신의 존재만으로도 도움이 된다는 것, 나에 대한 사랑이 나눔의 시작이라는 것을 깨닫기 시작했다.

둘째, 도움 받는 법을 배우는 것이다. 다른 사람에게 아쉬운 소리 못하고 혼자서 끙끙거리는 아이, 마지못해 도움을 받아도 그만큼 갚지 못하면 동동거리는 아이들이 있다. 로버트 풀검의 『내가 정말 알아야 할 모든 것은 유치원에게서 배웠다』에는 저자가 도움을 요청하러 간 이야기가 나온다. 그가 대학교 학장을 찾아갔을 때 학장은 이런 말을 한다.

"자네가 타인에게 언제 어떻게 도움을 구해야 하는지 배워야 한다고 생각하네. 도와달라고 청하는 마음이 어떤 것인지 모르고서야 어떻게 다른 이들을 도울 수 있겠나?"

도움을 받아보지 않은 사람은 주는 사람 관점에서만 생각하게 되어 자칫 교만해지기 쉽다. 받아본 사람이 상대의 마음을 세심하게 살피며 필요한 도움을 줄 수 있다.

셋째, 보고 듣고 느끼는 것을 통해 돕는 방법을 배워나가는 것이다. 다른 사람의 나눔 사례에서 나눔 아이디어를 얻고, 친구가 자신을 위로 했던 기억을 떠올리며 힘든 사람을 더 잘 위로할 수 있게 된다.

아주 작은 것부터 쉽게 실천할 수 있다는 것을 알려주기 위해 레이프 크리스티안손의 동화 『우리가 할 수 있는 것』을 읽어주고 간단한 활동을 했다. 특별한 능력이 있어야만 나눔을 할 수 있는 것이 아니라 눈, 손 같은 신체를 사용해서도 따뜻한 세상을 만들어갈 수 있음을 알아가기 위함이었다.

큰 종이에 신체 부위를 쓰고 머리, 눈, 귀, 입, 가슴, 손, 발로 할 수 있는 나눔을 모둠 친구들과 의논하여 써 내려갔다.

머리

말라리아에 걸린 아프리카 어린이를 도울 방법을 생각한다.

분수 나눗셈 문제 푸는 방법을 알려주기 위해 열심히 공부한다.

눈

시각장애인에게 길을 알려준다.

내가 할 수 있는 봉사 활동이 무엇이 있는지 관련 책을 찾아 읽는다.

귀

친구가 발표할 때 경청한다.

친구의 고민을 귀를 쫑긋 세우고 듣는다.

입

동생에게 책을 읽어준다.

다른 사람을 칭찬하고 격려한다.

혼자 있는 친구에게 함께 놀자고 말한다.

가슴

친구의 힘든 일, 슬픈 일을 나눌 수 있다.

학교에 가지 못하는 아프리카 친구의 아픔을 공감한다.

손/발

부모님께 계란프라이를 해드린다.

아픈 친구를 부축해 보건실에 간다.

넘어진 친구에게 손을 내밀어 일으켜준다.

시험을 망쳐 걱정하는 친구의 어깨를 토닥여준다.

준비물을 못 챙겨온 친구에게 필요한 물건을 빌려준다.

내 몸으로 할 수 있는 일부터 시작해 재능, 시간, 돈으로 할 수 있는 일까지 확장해 가다 보면 삶 속에서 자연스럽게 나눔을 할 수 있을 것이다.

나눔을 배우고 실천한 사람들

자신의 기쁨, 슬픔, 걱정을 나누는 마음인형을 만든 날이었다. 각자 캐릭터 얼굴이 그려져 있는 양말에 솜을 넣은 후 발목 부분을 꿰매서 자기만의 마음인형을 완성했다. 한 아이가 구리 료헤이의 책『우동 한 그릇』과 마음인형 세 개를 들고 포즈를 취하더니 사진을 찍어달라고 했다.

"저는 우동집 아저씨처럼 따뜻한 사람이 될 거예요."

눈을 크게 뜨고 한 단어씩 힘을 주어 말하는 모습에 가슴이 뭉클해졌다. 책에 나오는 우동집 아저씨가 어떤 분이기에 아이가 이런 결심을 하게 되었을까. 이야기는 12월 31일 늦은 밤, 문을 닫으려는 우동집에 허름한 차림의 엄마와 두 아들이 들어오면서 시작된다. 미안한 표정으로 우동을 1인분만 시킨 어머니. 아저씨는 말없이 우동 한 덩이 반을 삶아 내놓는다. 다음 해 같은 날 찾아와 또 1인분만 주문한 가족. 인원수대로 우동을 주자는 부인의 말에 고개를 저으며 넉넉히 삶은 우동을 한 그릇에 내어준다.

아이들은 처음에 우동집 아저씨의 마음을 헤아리지 못했다. 엄마와 아이들이 동정받는다고 느끼지 않도록 배려한 것이라는 것을 깨닫는 데까지 여러 날이 걸렸다. 이렇게 어렵게 이해한 아저씨의 따뜻한 마음을 닮고 싶다는 아이가 나왔으니 어찌 감동하지 않을 수 있을까.

이처럼 나눔을 실천하는 사람들을 통해 나눔의 가치, 방법, 삶의 태도를 배울 수 있다. 2010년 워런 버핏과 빌 게이츠가 자신의 재산을 기부하겠다고 선언해 세상을 떠들썩하게 했다. 슈퍼리치인 두 사람은 뜻을 모아 부자들이 재산의 반 이상을 기부하겠다고 공개적으로 약속하는 '기빙 플레지(The Giving Pledge)' 캠페인을 시작했다. 빌 게이츠와 워런 버핏은 자신의 재산을 기꺼이 내놓으며 세계 억만장자들에게 캠페인 동참을 제안했고 2020년 8월까지 이런 과감한 약속을 한 부자들이 200명이 넘는다.

2019년까지 기빙 플레지 기부금 액수를 보면 빌 게이츠가 1위, 워런 버핏이 2위, 마크 저커버그가 4위, 마이클 블룸버그가 5위인데, 페이스북 창업자 마크 저커버그와 뉴욕시장을 지낸 블룸버그 통신 창업자 마이클 블룸버그는 유대인이다. 유대인들은 어릴 때부터 가족과 주변 사람들이 도움을 주고받는 것을 보며 자라기 때문에 나눔을 당연하게 여긴다. 자신이 이룬 뛰어난 업적과 부를 사회에 환원하는 것도 나눔이 자연스럽게 삶에 배어든 결과다.

나눔을 배우기 위해 나눔을 실천하는 사람들의 발자취를 살펴보는 프로젝트를 시작했다. 이향안의 『나눔으로 따뜻한 세상을 만든 진짜 부자들』, 곽영미의 『나눔으로 세상을 바꿀 수 있어요』와 같이 여러 명

의 인물을 다룬 책을 함께 읽었다. 아이들은 인터넷과 영상자료를 참
고하여 관심 있는 인물을 정리했다.

나눔으로 세상의 온도를 높인 사람들

인물	업적 및 나눔 활동
경주 최부잣집	300년 동안 12대에 걸쳐 부를 유지 흉년 때마다 수입의 3분의 1을 빈민 구제에 사용 일제 강점기 때 상해 임시정부에 막대한 자금 지원
김만덕(상인)	조선시대 제주 거상 제주도의 재해 때 대부분의 재산을 털어 기근으로 시달리는 제주민들을 살려냄
김우수(배달원)	짜장면 배달을 통해 번 급여를 쪼개 어린이재단에 후원하여 빈곤 가정 어린이들을 도움
유일한 (유한양행 설립자)	아프리카 수단 남부 톤즈에서 병원과 학교를 설립하여 원주민을 위해 헌신 우물을 파서 식수난을 해결하고, 학교를 세워 교육에 힘씀
장기려(의사)	한국의 슈바이처 한국 최초의 의료보험 조합인 청십자의료보험조합을 설립 평생 가난한 사람들을 위해 의료 활동을 펼침
전형필 (문화재 수집가)	일제 강점기 때 자신의 재산을 팔아 민족 문화재를 사들임 보화각(현재 간송미술관)을 설립하여 문화재 연구 및 보호

인물	업적 및 나눔 활동
최귀동	40여 년 동안 남의 밥을 얻어다가 자기보다 못한 걸인들을 보살핌 "길에서 죽어가는 사람 집 지어주라"는 말과 함께 가톨릭 대상 수상으로 받은 상금 120만 원을 내놓아 노인요양원 건립에 보탬
구겐하임 가문	대학연구소 설립, 빈민 치료를 위한 재단 설립 등에 기부 미국 뉴욕에 솔로몬 R. 구겐하임 미술관 설립
마더 테레사 (가톨릭 수녀)	평생 인도에서 아픈 사람, 가난한 아이들을 돌보는 데 헌신 노벨평화상 상금도 가난한 사람들을 위해 기부
마크 저커버그 (페이스북 설립자)	재산을 기부하는 '기빙 플레지' 캠페인에 동참 딸이 태어난 후 페이스북 지분 99%를 사회를 위해 쓰겠다고 선언
빌 게이츠 (마이크로소프트 설립자)	빌 게이츠 부부가 '빌과 멜린다 게이츠 재단' 설립 세계 문제, 가난, 기아 해결을 위해 노력 워런 버핏과 함께 재산을 기부하는 '기빙 플레지' 캠페인 시작
오드리 헵번 (영화배우)	유니세프 친선 대사로 굶주린 어린이를 위해 헌신 세계 구호 운동 펼침
워런 버핏 (투자자)	재산의 90% 이상을 사회에 환원 빌 게이츠와 함께 재산을 기부하는 '기빙 플레지' 캠페인 시작
일론 머스크 (발명가, 기업가)	테슬라 모터스 CEO '기빙 플레지' 재산 기부 서약 후 과학 공학교육, 신재생 에너지, 아동 건강 분야에 기부

나눔 인물 소개 자료(복도 전시, 학생 작품)

아이들 소감

- 유일한 박사님이 환자를 사랑하는 모습에 감동받았다. 나중에 커서 나의 돈 30%로 아이들 전용 놀이기구들을 만들 것이다. 아이들의 체력을 키우고 스트레스를 풀어주고 싶다.

- 지금까지 남이 해주는 것만 받고 다른 사람에게 무언가를 베푼 적이 없었다. 경주 최부잣집 사람들은 과객을 후하게 대접하고, 사방 100리 안에 굶어 죽는 사람이 없게 하려고 했다는 것이 신기했다. 나도 남에게 베푸는 사람이 되고 싶다.

- 가난해도 더 가난한 사람을 도운 최귀동 할아버지의 40년 사랑이 영원히 기억되었으면 좋겠다.

- 장기려 박사님이 전기가 나갔을 때 촛불을 켜고 수술한 것을 보며 아픈

사람을 살리려는 의지와 노력을 배우고 싶어졌다.

- 이루기 어려울 것 같아 포기했다가 테레사 수녀님을 보고 다시 되찾은 내 꿈. 사회복지사.

- 지금까지는 사고 싶은 것이 있을 때마다 엄마를 졸라 돈을 받았는데, 돈을 현명하게 쓰는 법을 배우고 싶다. 돈을 많이 모아 빌 게이츠처럼 기부 재단을 만들고 싶다.

- 오드리 헵번이 힘든 상황 속에서도 봉사하는 것을 보고 다른 사람 단점만 들춰내는 나를 돌아봤다. 이제부터라도 사람의 좋은 점을 보도록 노력해야겠다.

- 워런 버핏 할아버지처럼 자녀에게 물고기를 잡아 주기보다 스스로 물고기 잡는 법을 알려줘야겠다. 그리고 꼭 할아버지를 만나서 꿈에 대한 조언을 들으며 나의 꿈을 찾고 싶다.

큰돈을 기부하거나 자신의 삶을 통째로 헌신하는 것만이 가치 있는 것이 아니라 할 수 있는 만큼 돕는 것도 아름다운 나눔이라는 것을 알려주려고 노력했다. 탈무드에서는 자기 분수를 알고 베푸는 사람을 부자라고 했다. 단 몇 푼이라도 베풀 수 있다면 그 사람이 바로 부자라는 것이다. 아이들과 쩨다카를 통해 소소한 나눔을 실천하며 작은 부자가 되어보려 한다.

나눔은
습관이다

여름 방학 동안의 오랜 정적을 깨고 학교가 다시 시끌벅적해졌다. 개학 첫날이라 분주하게 일을 하고 있는데 앞에 나와 머뭇거리며 돌아가는 아이들이 있었다. 오랜만에 만나 어색해서 저러나 싶었는데 그게 아니었다.

"오늘은 쩨다카 안 해요?"

아차 싶었다. 정신이 없어 쩨다카 자선함을 꺼내놓는 것을 깜박했던 것이다.

"뭔가 허전해요. 할 일을 안 한 것 같아서 자꾸 앞에 나오게 돼요."

한 학기 내내 매일 동전 넣던 것을 몸과 마음이 기억하고 있었다니.

"얘들아! 쩨다카 하러 오렴."

재빠르게 자선함을 꺼내며 외쳤더니 순식간에 몰려와 자선함에 동전을 넣기 시작했다. 습관의 놀라운 힘에 전율했던 순간이다.

미국 자기계발 전문가 제임스 클리어는 『아주 작은 습관의 힘』에서 작은 습관의 위력에 대해 이야기한다. 대수롭지 않아 보이는 아주 작은 일상의 행동들이 하나씩 쌓여가면서 놀라운 결과를 이뤄내며, 목표 달성을 위해 필요한 행동을 작게 쪼개서 반복하다 보면 변화한 자신을 발견할 수 있다고 했다. 또한 이러한 변화는 의지만으로 이루어지기는 어렵고, 지속적으로 습관을 실천할 수 있는 환경을 만들어야 가능하다고 덧붙였다.

아직 절제력과 자기관리 능력이 부족한 아이들이 좋은 습관을 갖게 하려면 공을 많이 들여야 한다. 마치 우물에서 물이 콸콸 나올 때까지 마중물을 부어주어야 하는 것처럼, 아이들이 자발적으로 '알아서' 하기까지는 인고의 시간이 필요하다. 습관 기르기는 장거리 마라톤이다. 잔소리와 간섭보다 지치지 않고 습관을 만들 수 있는 제대로 된 전략이 필요하다.

나눔 습관을 길러주기 위해 교실에서 쩨다카를 실천할 수 있는 방법을 마련했다.

첫째, 매일 동전을 쩨다카 자선함에 넣는다. 나눔 활동이 특별한 행사가 아니라 일상이 되도록 만드는 것이다. 예외를 두기 시작하면 겨우 들인 습관이 금방 무너져 버리기 때문에 불가피한 경우가 아니면 지속하는 것이 효과적이다. 체험학습 날, 체육대회 날, 방학식 날도 예외 없이 쩨다카를 했다.

둘째, 후원활동에 부담을 느끼지 않도록 하루에 후원하는 금액의 상한선을 정한다. 큰 액수을 모으는 것이 아닌 매일 참여하는 데 목적을 두고 있으므로 아이들과 의논하여 부담을 느끼지 않을 정도의 금액을 정했다. 더 돕고 싶은 친구들은 가정에서 후원금을 따로 모으도록 했다.

셋째, 모금 기간을 2~3주 단위로 쪼갠다. 모금 기간이 길면 흥미와 집중력이 떨어지고 지치게 된다. 많은 돈을 후원해야 한다는 부담을 내려놓으면 2~3주마다 새로운 후원을 진행하면서 쩨다카에 대한 관심을 오래도록 지속시킬 수 있다.

반복의 힘은 세다. 『아주 작은 습관의 힘』에서는 습관이 정체성의 변화를 이끌어낸다고 주장한다. 자주 반복하는 행동이 습관이 되고 삶의 경험 하나하나가 쌓여 자아상을 만들어간다는 것이다. 아이들은 하루라도 동전을 넣지 않으면 허전함을 느낄 정도로 쩨다카의 열성 팬이 되었고, 다른 사람을 위해 어떤 도움을 줄지 끊임없이 생각하기 시작했다. '다른 사람을 위해 나눔을 실천하는 사람'이라는 정체성이 만들어진 것이다.

우리는 경험한 대로 만들어진다.

　일 년을 마무리할 때가 되면 너희들과 함께해 온 시간들이 떠오르면서 가슴이 먹먹해진단다. 헤매고 실망하고 화냈다가 또 웃었던 나날들. 모든 과정이 아름답지만은 않았지만 마음이 조금 더 넓어진 것이, 조금 더 책을 사랑하게 된 것이, 질문하는 사람이 된 것이, 이렇게 도담도담 자라준 것이 그저 고맙고 또 고맙구나.

　다음 학년으로 올라가는 너희들에게 꼭 당부하고 싶은 말이 있단다. 사람은 환경의 영향을 많이 받는 존재라서 너희를 둘러싼 환경을 잘 만들어야 해. 굳은 의지를 가지고 필사적으로 말이지.

　『최고의 변화는 어디서 시작되는가』의 작가 벤저민 하디는 열정, 노력, 의지보다 중요한 것이 우리를 둘러싼 '환경'이라고 했단다. 우리가 어떤 환경을 선택하고 만들어가느냐에 따라 우리 미래 모습이 달라진다는 것이지.

선생님의 삶을 돌아봐도 환경에 따라 생각과 행동이 바뀐 경우가 많았단다. 하지만 환경을 갑자기 바꾸는 것은 참 힘들더구나. 사람은 편하고 익숙한 것을 더 좋아해서 뭔가 바꾸려 하면 자꾸 예전으로 돌아가려고 하거든. 그런데 습관을 들이면 그렇게 큰 힘을 들이지 않고 원하는 일을 할 수 있게 된단다. '좋은 습관'이 쌓이면 억지로 환경을 바꾸려 하지 않아도 조금씩 좋은 환경이 만들어지는 거지.

그렇다면 어떤 습관을 기르면 될까?

항상 어깨를 쫙 펴고, 앞을 똑바로 보고 힘차게 걸으렴. 그리고 나에게 끊임없이 이렇게 속삭이는 거야.

"나는 나를 사랑해. 나는 정말 멋져. 나는 할 수 있어."

반복해서 말하다 보면 점점 자신감이 차오를 거야. 어깨를 축 늘어뜨리고 땅을 보고 터벅터벅 걸으면 더 힘이 빠지고 자신이 없어진단다.

'언제나 당당하게!'

잊지 마.

자주 웃으렴. 밝은 기운이 넘치는 사람이 되는 거야. 사사건건 불만이 가득하고, 우울해 보이는 사람 옆에는 다른 사람들이 잘 가려 하지 않는단다. 블랙홀처럼 너희가 가진 에너지를 빨아들여 짜증 나고 우울해지게 만들거든. 반대로 웃음과 긍정 에너지가 가득한 사람에게는 자석처럼 끌리기 마련이야. 넘쳐흐르는 밝은 빛이 나에게 흘러 들어오면서 힘이 나거든.

약속을 잘 지키렴. 말과 행동이 일치하는 사람이 되는 거야. 신뢰는 쌓는 데도 오랜 시간이 걸리지만 그 신뢰를 지키는 데는 더 많은 노력이 필요하단다. 특히 친구를 이간질하거나 뒷담화하는 것은 나를 믿어준 친구에게 등을 돌리는 일이란다. 또한 이익을 얻기 위해 스스로 했던 말을 손바닥 뒤집듯 쉽게 바꾸면 안 돼. 자신이 한 말과 행동에 책임을 지는 사람이 되렴.

늘 책을 가까이 하고, 깊이 생각하며, 배운 것을 실천하렴. 책은 다양한 세계로 통하는 문이란다. 세상에 대해 이해하고 스스로 어떻게 인생을 살아야 할지 나침반 역할을 해줄 거야. 하지만 배운 것을 실천하지 않으면 반쪽짜리 지식이 된단다. 게다가 소통하지 않으면 내 생각만 옳다 여기는 편협한 사람이 되고 만단다. 열린 마음으로 깊이 생각하고 배운 것을 연결해서 융합적 사고를 하는 사람, 알게 된 것을 적용하면서 나와 다른 사람을 이롭게 하는 사람이 되렴.

하루 한 가지 이상 새로운 것에 도전하렴. 새로운 것과 실패를 겁내지 않고, 다시 일어나는 거야. 주저앉을까 봐 두렵고, 다른 사람의 시선이 신경 쓰이겠지만 그래도 다시 도전하는 거야. 〈토이스토리 4〉에서 우디가 다른 인형에게 했던 말이 떠오르는구나.

"평생을 책장에 앉아만 있는다면, 너는 결코 찾고자 하는 것을 알아내지 못할 거야."

좋은 사람이 되도록 노력하면서 끊임없이 좋은 사람을 찾아다니렴. 좋은 사람과의 교류는 너희를 더욱 성장시킬 거야. 끊임없이 멘토를 찾아보렴.

몇 가지만 말하려고 했는데 많아졌네. 너희에 대한 애정이 깊어서 그런 거라 이해해 주렴. 철학자 데이비드 흄은 '습관이 인간 생활의 위대한 안내자다'라고 했단다. 좋은 습관으로 나를 바꾸다 보면 환경이 바뀌고 그런 시간들이 쌓이다 보면 세상에 긍정적인 영향을 끼치고 있는 자신을 발견하게 될 거야.

그리고 시간이 흐를수록 같은 목표를 이루고자 하는 사람들이 네 주변에 모일 거야. 그들과 함께 변화를 만들어가다 보면 불가능한 일도 결국 이룰 수 있게 될 거란다.

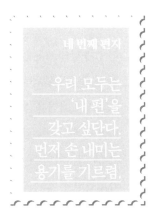

네 번째 편지

우리 모두는
'내 편'을
갖고 싶단다.
먼저 손 내미는
용기를 기르렴.

용기는 전염된다.

용기 있는 사람이 일어서면 주위 사람들도 힘이 솟게 마련이다.

-빌리 그레이엄 목사

내가 먼저 다른 사람을 돕는다고 나서는 것은 단순히 친구를 사귀는 것보다 훨씬 더 큰 용기가 필요하단다. 너희 선배들 중 유독 예민한 아이가 있었단다. 다른 친구들이 자기들끼리 얘기를 나누다 자신과 우연히 눈이 마주치기라도 하면 자기 뒷담화를 했다며 시비를 걸기 일쑤였어. 걸핏하면 선생님에게 달려와 자신이 얼마나 억울한 일을 당했는지를 구구절절 풀어놓았지. 본인 잘못으로 갈등을 일으킬 때조차도 작년까지 왕따였다는 사실을 내세우며 자신이 피해자임을 누차 강조했어.

고슴도치 같던 선배가 둥글둥글 변하기 시작한 것은 두 명의 친구들 덕분이었어. 원래 친하지는 않았지만 같은 모둠을 하면서 두 친구가 예민한 친구를 세심하게 챙겨주었거든. 사실 새로 모둠 구성을 할 때 이 두

127

명에게 날카로운 친구를 넉넉하게 품어달라고 살짝 부탁했단다. 두 친구는 선생님의 부탁과 상관없이 기대 이상으로 잘해주었어.

교과서 어디를 펴야 하는지 헤매고 있으면 몇 쪽인지 넌지시 알려주고, 수학 문제도 친절하게 알려주었지. 무엇보다 그 선배가 억울하다고 호소할 때 귀찮아하는 기색 하나 없이 진심으로 귀 기울여 들어주었단다. 날카로웠던 선배도 겉으로 표현은 안 했지만 독기 가득한 표정이 사라지고 자신에게 잘해주는 친구들을 바라보는 눈빛에 고마움이 스치곤 했어.

날을 세워 친구를 대하는 태도도 조금은 부드럽게 바뀌었단다. 그렇게 몇 달이 지나니 다른 친구들과의 갈등도 많이 줄었지. 언제나 혼자라 여겼고, 자신이 하는 모든 공격적인 행동들은 자신을 거부하는 다른 사람으로부터 자신을 지키는 것이라고 합리화했던 선배. 그 선배는 먼저 손을 내밀어 자신의 편이 되어준 친구들 덕분에 친구 사귀는 방법을 조금씩 터득하게 되었단다.

친구가 먼저 다가와 주기를 바라는 경우가 많은 것처럼, 우리가 도움이 필요한 사람에게 찾아가야 하는 경우가 더 많단다.

누구도 믿을 수 없고 혼자 남겨졌다고 생각될 때는 도와달라는 생각조차 못 할 수 있단다. 한창 힘들 때는 세상이 온통 자신을 미워하는 것 같아서 도움을 요청하는 데 큰 용기가 필요하기 때문이지. 어떻게 도와달라고 해야 하는지 방법을 모를 때도 많고 말이야.

그래서 우리는 눈과 귀를 활짝 열어 주변 사람들을 잘 관찰하며 살펴야 한단다. 로버트 루트번스타인과 미셸 루트번스타인의 『생각의 탄생』에서 선생님이 읽어준 구절을 기억하렴.

"수동적으로 그냥 보지 말고 모든 종류의 감각정보를 활용하여 집중해서 적극적인 관찰을 하라. 그냥 흘려듣지 말고 주의 깊게 경청하라"는 말을 말이야.

그리고 손을 내밀 때는 거절당할 용기도 필요하단다. 우리의 도움을 언제나 반갑게 받아들이지는 않으니까 말이야. 적절한 도움이 아니었거나 도움받는 사람이 자존심에 상처를 입으면 화를 내거나 비난할 때가 있어. 선생님도 폐휴지를 힘겹게 끌고 가는 할아버지의 리어카를 말없이 뒤에서 밀어드렸다가 엄청 혼이 났단다. 리어카 속도가 빨라져 할아버지가 넘어질 뻔하셨거든.

너무 놀라기도 하고 혼난 것이 부끄러워 순간 '괜히 도와드렸다'는 생각이 삐죽 솟아나왔단다. 하지만 마음을 가라앉히고 생각해 보니 도와드리는 방법이 잘못되었을 수도 있었겠더구나. 먼저 "무거워 보이는데 도와드릴까요?" "뒤에서 밀어드릴까요?" 여쭤봤어야 하는데, 도와드리겠다는 마음이 앞서 실수한 거지.

용기를 쥐어짜서 좋은 의도를 가지고 다가갔는데, 상대가 이런 마음도 몰라주고 다짜고짜 화를 내고 비난한다면 도움을 주고 싶은 마음이 사라질 거야. 켄트 키스의 『그래도 Anyway』의 '역설적인 리더의 10계명'에 이런 구절이 나와.

"당신이 오늘 선을 행해도 내일이면 모두 잊힐 것이다. 그래도 선행을 베풀라."

"도움이 필요한 사람들에게 도움을 주고도 공격받을 수 있다. 그래도 사람들을 도우라."

얘들아, 너희의 호의를 인정받지 못하고 때로는 비난받더라도 도움이 필요한 사람을 찾아 계속 손을 내밀었으면 한다. 포기하지 말고 다른 사람 편이 되어주며 외롭고 소외된 마음들을 한껏 보듬는 사람이 되었으면 좋겠어. 남을 돕기 위해 큰 용기를 낼 너희들이 벌써부터 자랑스럽구나.

3
나눔을 하면서
배우는 것들

쩨다카로
하루를 여는 교실

"선생님, 안녕하세요."

아침 인사를 마친 아이들은 가방을 내려놓자마자 선생님 책상 주위로 몰려들어 자선함에 동전을 넣기 시작한다. 이제 막 등교한 아이도 친구들이 몰려 있는 것을 보고 가방을 멘 채로 허겁지겁 쩨다카 대열에 합류한다.

"쩨다카 안 한 사람?"

쉬는 시간에는 혹시나 깜박 잊은 친구를 챙기기도 한다.

"지금까지 얼마 모였어요? 얼마 더 모아야 하지?"

하루빨리 기부금을 전달하고 싶어 안달하는 아이들이 점점 늘어났다.

"선생님, 저 쩨다카 전용 동전 지갑 샀어요. 여기다 돈 생길 때마다 모을 거예요."

쩨다카에 열정적으로 참여하고 있는 교실 풍경이다.

이렇게 적극적인 참여를 이끌어내기까지의 여정이 순탄치만은 않았다. 하브루타 교육을 받을 때는 당장이라도 쩨다카를 시작할 수 있을 줄 알았는데 막상 시작하려니 넘어야 할 산이 한두 개가 아니었다. 우선 주변 선생님들의 우려가 만만치 않았다. 아무리 좋은 일에 쓰더라도 학교에서 '돈'을 '꾸준히' 모금한다는 사실에 불만을 갖는 사람이 생길 수 있다고 잔뜩 겁을 주셨다. 아이들과 학부모님을 설득할 자신이 없었고, 나눔 활동 자체를 왜곡된 시선으로 볼까 봐 두려웠다.

꼬리를 무는 걱정 때문에 한 발짝도 내딛지 못하고 있었다.

'좋은 습관을 들인다는 이유로 쩨다카를 강요할 수 있을까?'

'돕는 것에 관심 없는 아이에게 억지로 밀어붙였다가 오히려 나눔에 대해 거부감을 갖게 되지 않을까?'

'기부할 형편이 되지 않는 아이는 기부하는 아이들을 보며 상대적으로 박탈감을 느끼지 않을까?'

혼자 고민만 하다가는 해결이 나지 않을 것 같아 아이들에게 마음에 담아두었던 걱정과 쩨다카를 시작하고 싶은 마음을 털어놓았다.

"좋으면 그냥 하면 되는 거죠."

한 아이의 말에 피식 웃음이 났다. 단순 명쾌한 대답에 짓누르고 있던 마음의 짐이 사라졌다.

실천 방법은 아이들과 서로 머리를 맞대고 하나씩 만들어갔다.

첫째, 등교하자마자 자선함에 동전을 넣는다. 유대인들이 쩨다카로 하루를 시작하는 것처럼 자신들도 학교에 오자마자 동전을 넣고 싶다고 했다.

"아침에 좋은 일을 하면 기분 좋게 하루를 시작할 수 있어요."

"맞아요. 그리고 아침에 해야 안 잊어버릴 것 같아요."

아이들은 저마다 한마디씩 하면서 아침에 하는 것으로 의견을 모았다. 쩨다카를 우선순위에 두고 실천하려는 마음이 기특했다.

둘째, 매일 한 사람도 빠짐없이 참여한다. 자발성도 중요하지만 나눔 습관을 기를 때까지는 매일 쩨다카를 실천했으면 해서 아이들에게 얻어낸 약속이다. 유대인 부모들이 아기에게도 동전을 쥐여주고 쩨다카를 실천하게 하는 것처럼 '거룩한 부담감과 의무감'을 갖게 하고 싶었다. 물론 동전을 마련하지 못하거나 자신의 돈을 기부하고 싶지 않은 아이들에 대한 대안은 마련해야 했다. 그리고 약속을 정했더라도 동전 넣는 것을 원하지 않는 아이는 억지로 넣게 하지 않고 스스로 하고 싶은 마음이 들 때까지 기다려주었다.

셋째, 자신의 동전을 가져오지 않은 아이는 '선생님 지원' 동전을 넣는다. 아이들과 가장 치열하게 고민했던 부분이다. 각자의 상황이 다르다 보니 합의점을 찾기가 쉽지 않았다.

"용돈을 안 받는 사람은 쩨다카 못 하는 거예요? 그럼 나는 맨날 못 하겠네요."

"저는 만 원도 낼 수 있어요!"

용돈을 받지 않는 아이는 시무룩해져서 고개를 떨구고, 용돈을 넉넉하게 받는 아이는 어깨에 힘이 들어갔다.

매년 비슷한 상황이 벌어지지만 이제는 여유로운 마음으로 동전이 담긴 작은 바구니를 꺼내 보여준다. 안에는 선생님 이름 스티커가 붙은 100원짜리 동전이 아이들 수만큼 담겨 있다.

"동전을 가져오지 않은 친구들은 이 바구니에서 선생님 동전 100원을 꺼내 넣으렴."

"그러면 저희가 진짜로 기부한 것은 아니잖아요."

"음, 그러면 쩨다카 습관 형성을 위한 선생님의 지원금이라고 생각하면 어떨까? 너희들 덕분에 선생님도 기부에 참여하고 말이야."

그렇게 모든 아이들이 쩨다카에 참여할 수 있는 방법이 마련되었다.

넷째, 하루 기부금의 상한선을 정한다. 하루에 얼마를 낼지도 뜨거운 논쟁이 붙었다. 의욕이 넘치는 아이는 만 원을 한다고 하고, 그런 친구를 날카롭게 타박하는 아이들도 있었다. 다양한 환경의 아이들이 모여 있는 교실에서는 기부액을 비교하며 우월감이나 상대적 박탈감을 느끼지 않도록 신중을 기해야 했다.

"하루에 낼 수 있는 최대 금액을 정할게요. 여러분 의견을 모아보니 500원, 1,000원, 1,500원이 많이 나왔어요. 이제 투표로 결정할게요."

투표를 통해 하루 기부금액은 한 사람당 1,000원 이하로 결정되었다. 더 기부하고 싶다면 1,000원씩 여러 날에 걸쳐 내거나 집에 쩨다카 통을 만들고 개별적으로 참여하는 걸로 했다.

쩨다카 자선함

활동이 진행되다 보니 쩨다카 자선함에 대한 관심도 높아졌다. 이왕이면 실제 유대인이 쓰는 자선함을 갖다 놓고 싶었는데, 주변에서는 구하기가 어려웠다. 책, 블로그를 찾아보니 유리병이나 사탕 통을 아이들과 예쁘게 꾸며 활용하거나 일반 저금통을 쩨다카 자선함으로 쓰고 있었다.

자선함도 아이들이 직접 준비하면 좋을 것 같아서 일 년 동안 교실에서 자선함으로 쓸 저금통을 잠시 빌려주는 조건으로 기증을 받았다. 몇 명의 아이들이 신이 나서 집에 있는 저금통을 가져왔다. 돈 먹는 고양이, 돼지해를 상징하는 금돼지, 엄마 아빠 해외 신혼 여행지에서 사왔다는 토끼 등 여러 가지 모양의 저금통이 모였다.

순서를 정해 매일 다른 저금통을 꺼내놓았다. 의미가 부여된 물건에는 애착을 갖기 마련이어서 자신의 저금통이 놓여 있는 날은 더 적극적으로 기부했고, 친구들이 자신이 가져온 저금통에 동전을 넣는 모습을 흐뭇하게 바라보기도 했다.

동시에 여러 개의 후원을 진행할 수도 있다. 『질문이 있는 식탁 유대인 교육의 비밀』의 저자 심정섭은 여러 개의 자선함을 마련하여 각기 다른 목적의 자선함에 기부하는 것도 좋은 방법이라고 했다. 자선함 앞에 '할머니 할아버지께 효 실천', '위안부 할머니 돕기', '북한 어린이 돕기' 등을 붙여놓고, 기부할 때마다 상대방을 떠올리며 쩨다카의 목적을 상기하는 것이다.

교실에서 활용한 쩨다카 자선함

쩨다카 선포식

유대인 아이들은 어릴 때부터 부모님을 따라 봉사 활동을 하러 간다. 아이들은 부모님의 삶의 태도와 가치에 큰 영향을 받는다. 부모님과 함께한 경험이 꾸준히 쌓여 삶의 이정표 역할을 한다. 정말 중요한 가치가 무엇인지 분별하고 중요하게 여기는 삶을 살아갈 수 있게 되는 것이다.

하희라, 최수종 부부에 대한 인터뷰 기사를 읽었다. '선한 영향력의 통로가 되자'는 약속을 지키기 위해 많은 봉사를 해왔다는 내용이었다. 부부는 일 년에 한 번 홀로 사는 어르신들에게 밥을 대접하는 밥차 활동을 해왔다. 하희라는 몇 년 전 화상을 입고 병원 치료를 받을 때 화상 환우들의 고통을 알게 되면서, 화상 환우를 돕기 시작했다.

"엄마, 아빠는 아무것도 없다. 어려운 이웃과 나누며 더불어 사는 삶

135

이 중요하다. 너희도 더 나눠라."

아이에게도 이렇게 말하며 나눔의 삶을 강조했다.

캄보디아 밥퍼에서 봉사 활동을 했을 때 온 가족이 함께 활동에 참여하는 것이 참 좋아 보였다. 음식 재료를 다듬어 반찬을 만들고, 구석구석 청소도 하고 아이들 머리를 감겨주던 모습이 잊히지 않는다.

학교에서 단체로 나눔 활동을 하는 것도 좋지만 부모님이 적극적으로 나서서 아이와 함께 나눔을 실천하는 나눔의 지지자가 되었으면 좋겠다고 생각했다. 그런 마음에서 학교에서 아이들이 참여하게 될 쩨다카를 알리고 부모님의 지지와 동의를 얻기 위해 학부모 공개수업 때 쩨다카 선포식을 했다. 일 년 동한 진행할 쩨다카의 목적과 계획에 대해 설명드리며 '첫 모금 활동'을 진행했다. 아이들이 캠페인을 준비해서 모금 받도록 했는데 후원금은 쩨다카 씨앗(seed)을 뿌리는 마음으로 '씨드머니(seed money)'를 미리 준비하여 부모님께 나눠드렸다.

캠페인은 모둠별로 주제를 하나씩 맡아 준비했다. 아프리카 여자아이 학교 보내기, 북한 어린이 돕기, 멸종동물 구하기 등이었다. 모둠별로 준비한 캠페인을 발표한 후 자선함을 들고 돌아다니며 후원을 받았다. 처음에는 수줍게 자선함을 내밀던 아이들도 부모님이 흐뭇한 얼굴로 동전을 넣어주시자 발걸음에 힘이 들어갔다.

캠페인을 마친 후에는 아이들도 선생님이 준비한 씨드 머니로 첫 쩨다카 동전을 넣었다. 부모님들께 쩨다카를 시작하게 된 아이들을 격려해 달라고 부탁드렸더니 따스한 말과 함께 힘차게 악수를 건네기도 하셨다.

쩨다카 선언문

첫째, 염원하고 진솔한 마음으로

둘째, 할수있을 만큼 정성껏 쩨다카를 실천하여

셋째, 세계 어린이들이 자립하여 희망을 가지고 살수있도록 나눔을 실천하겠습니다.

서약자(사인) :

활동을 마친 후 아이들은 쩨다카에 성실히 임하겠다는 선언문을 작성하고 부모님은 격려의 메시지를 써주셨다. 그날 우리 반 아이들의 자부심은 하늘을 찔렀고, 아이들은 잊지 못할 추억을 가슴에 새겼다. 고비도 있었지만 일 년 동안 쩨다카를 순조롭게 이루어갈 수 있었다.

부모님과 '함께'하는 것만으로도 나눔은 더 특별해질 수밖에 없다. 아이와 긴밀하게 소통할 수 있고 부모님이 나눔 실천의 좋은 안내자, 지지자, 동반자가 된다는 점에서 장점이 많다.

일 년 동안 쩨다카 활동을 응원해 주신 학부모님들께 감사를 전한다.

쎄다카를 시작하는 담쟁이들에게!

남을 돕는 일은 다른 아이에게도 도움을
주는 일이 되만, 나에게도 커다란 소득을
주는 일이란다! 도움을 베풀어 커다란 소득로
나눠주는 담쟁이들이 되길 바라며! 화이팅!

2019.4.22.(월)

쎄다카를 시작하는 담쟁이들에게!

멋진 담쟁이들!
쎄다카 시작을 축하해.
나눔 활동을 응원할께~
지금 시작하는 너희들의 나눔 활동의 생각과
행동이 자라는 동안 큰 영양분이 되기를 바란다

2019.4.22.(월)

부모님의 응원 메시지

돈을 가치 있게
쓰는 법을 배우다

"선생님, 아이가 다른 사람을 도와야 한다며 자꾸 돈을 달라고 하는데, 혹시 돈을 가져오라고 말씀하신 적 있나요?"

앙칼진 첫마디에 순간 움찔했다.

'올 것이 왔구나!'

이런 상황이 벌어질 수도 있을 거라 예측은 했지만 막상 닥치니까 식은땀이 절로 났다. 이번에 부모님의 마음을 얻지 못하면 쩨다카를 더 이상 진행하지 못할 수도 있다는 생각에 바짝 긴장이 되었다. 돈을 달라는 아이에게 화가 난 것인지, 아이에게 돈을 가져오게 한 담임 교사에게 화가 난 것인지조차 파악이 되지 않았다. 떨리는 마음을 애써 누르며 자초지종을 여쭸다.

아이가 학기 초부터 다른 사람 돕는 데 쓸 거라며 당당하게 돈을 요구하더란다. 좋은 일에 쓴다고 해서 처음에는 선뜻 돈을 주었는데 잊을 만하면 한 번씩 돈을 달라고 했던 것이다. 횟수가 거듭되니 돈을 다른 곳에 쓰는 것은 아닌가 의심이 들어 아이에게 확인을 했더니 엄마에게 버럭 신경질을 냈다는 것이다.

"아프리카 아이들 돕는다고 선생님이 돈 가져오라고 했단 말이야!"

평소 그 아이 모습으로 짐작건대 엄마가 물어도 자세한 설명은 생략했을 것 같다. 귀찮다는 듯 돈을 달라고 엄마에게 손을 내밀었을 모습이 선하게 그려졌다. 정말 기부하고 싶어서 돈을 받아간 것인데 엄마가 의심하니 화가 날 수밖에. 아이는 고래고래 소리를 지르며 정당성을 인정받기 위해 선생님을 전면에 내세운 것이었고, 어머니는 어머니대로 아이의 버릇없는 태도에 화가 나서 전화를 하신 거였다. 일단 어머니께는 반에서 이루어지고 있는 쩨다카 활동을 자세히 설명드리면서 돈을 달라고 하는 것에 대해서는 아이와 대화해 보겠다며 전화를 끊었다.

아이들이 용돈을 쪼개서 기부금을 내고 있다고 철석같이 믿고 있었던 자신이 한심하게 느껴졌고, 앞뒤 문맥을 다 자르고 '돈을 가져오라고 했다'고만 말한 아이를 생각하니 속이 부글부글 끓었다.

그렇다고 섣불리 아이를 다그칠 수는 없어 먼저 차분하게 대화를 나눴다.

혹시 용돈을 받지 않아 자기 돈으로 참여 못 하는 것 같아 물었다.

"혹시 용돈을 받고 있니?"

"네, 일주일에 한 번씩 용돈 받는데요."

"그럼, 용돈이 부족해서 기부할 돈을 부모님께 달라고 한 거니?"

"그건 아니고……."

우물쭈물하다 말을 이어갔다.

"기부하면 제가 쓸 돈이 줄어들잖아요. 제 돈은 좀 아까워서요."

뒤통수를 한 대 얻어맞은 것 같았다. 그렇게 아까우면 선생님 지원금을 내면 되지 굳이 자기 돈으로 하고 싶다며 부모님께 따로 손을 벌리다니. '어떤 돈으로 기부할 것인가'에 대한 생각을 정립해야 할 필요가 있었다.

토론에 앞서 〈EBS 세계의 교육현장 미국의 유태인교육 '기부편'〉을 보여주었다. 유대인 부모들이 아이들에게 철저하게 경제 교육을 하는 부분이었다. 용돈을 받으면 3분의 1은 기부, 3분의 1은 저금, 나머지 3분의 1은 용돈으로 구분하여 계획을 세워 지출한다. 인터넷 뱅킹으로 직접 자신의 돈을 관리하고, 부모님은 중간중간 아이의 지출 계획과 씀씀이를 점검하며 코칭을 해준다. 이 과정에서 무조건 아끼는 것보다 '가치 있는 곳'에 돈을 쓰는 것이 훨씬 중요하다는 것을 배운다.

"다른 사람을 돕기 위해 부모님께 돈을 달라고 하는 것에 대해 어떻게 생각하니?"

질문을 던졌더니 아이들끼리 활발하게 생각을 주고받았다.

"어차피 용돈도 부모님이 주시는 돈이잖아요. 용돈에서 기부하나 부모님께 돈을 달라고 하나 마찬가지 아니에요?"

"아니야 달라. 용돈은 우리가 쓰라고 주신 거니까 용돈에서 기부하면 우리가 했다고 볼 수 있지."

"맞아. 반대로 부모님께 돈을 받아서 기부했다면 결국 내가 아니라 부모님이 기부한 거라고 생각해."

꼬리에 꼬리를 물고 팽팽하게 대립한 끝에 새로운 쩨다카 규칙이 탄생했다.

'부모님의 힘을 빌리지 않고 자신의 용돈에서 기부한다.'

그리고 또 하나의 규칙을 덧붙였다.

'지출 계획을 세워 용돈을 쓰기 전 기부할 돈을 미리 떼어둔다.'

　나눔을 우선순위에 두고 얼마나 기부할 것인지 계획하는 습관을 들이고 싶었다. 전성수·양동일의『유대인 하브루타 경제교육』에서는 유대인들은 돈을 버는 방법보다 쓰는 법을 먼저 가르친다고 강조한다. 자선하는 데 쓸 돈은 집안일이나 아르바이트를 하며 스스로 벌도록 한다. 자선활동이 노동교육과 경제교육으로 자연스럽게 연결되도록 하는 것이다. 또한 베풂을 통해 돈을 가치 있게 쓰는 법을 배우면서 공동체를 위해 헌신하겠다는 리더로서의 덕목까지 갖추게 된다.

　돈은 우리 삶에서 정말 중요하다. 유대인들은 어릴 때부터 철저하게 경제교육을 받으며 돈에 지배당하지 않고 돈의 주인이 되는 방법을 배운다. 하지만 우리는 돈의 중요성을 알면서도 정작 돈의 가치와 돈을 다루는 법에 대해서는 가르치지 않는다.

　쩨다카를 통해 나눔을 꾸준히 실천한다면 진정한 돈의 가치를 깨닫고 돈에 대한 절제력을 기를 수 있다.

무인은행으로
정직의 중요성을 배우다

　어느 날 한 아이가 1,000원짜리를 동전으로 바꿔가면서 100원짜리를 열 개 이상 꺼내가는 것을 보고야 말았다. 일단 모른 척 말을 던졌다.

"한번 다시 세어보렴. 돈은 항상 정확해야 한단다. 두 번 이상 확인해 보는 것이 좋아."

아이는 흘끔거리며 천천히 동전을 다시 셌다.

"어! 두 개가 더 많네? 휴, 선생님 말씀대로 다시 세보기 잘했어요."

과장된 표정으로 말하면서 남은 동전을 유리병에 다시 넣었다.

"그래, 항상 꼼꼼하게 확인하렴."

무심하게 답하는 선생님 말을 듣자마자 아이 얼굴에는 걸리지 않았다는 안도감이 스쳤다.

반에서 무인은행을 운영하기 시작한 지 얼마 되지 않았을 때 생긴 일이다. '은행'이라고 하니 거창하게 들리지만 잔돈으로 바꿔갈 동전이 든 작은 유리병을 가리키는 말이다. 아이들이 가져온 1,000원짜리를 동전으로 몇 번 바꿔줬더니 너도 나도 바꿔달란다. 일일이 바꿔주기는 어려워서 선생님의 허락이나 확인 없이 스스로 돈을 바꿔갈 수 있는 '무인은행'을 만들었다.

동전이 가득 담긴 유리병을 어디에 둘지 한참 고민을 하다 선생님 책상 위에 놓기로 했다. 눈에 보이는 곳에 두었다가 괜히 욕심을 자극하여 돈을 몰래 꺼내가게 만드는 것은 아닌지 걱정도 되었다. 하지만 돈에 대한 유혹을 무조건 피하는 것이 능사는 아니라는 생각이 들었다. 앞으로 다른 사람 돈이나 회사 공금을 다뤄야 할 때가 올 것이다. 무인은행 경험을 통해 돈의 유혹을 뿌리치는 훈련을 하다 보면 더 큰 유혹이나 욕망을 이겨낼 단단한 마음이 생길 거라고 믿었다.

무인은행을 처음 시작했을 때는 아이들에게 큰 환영을 받지 못했다.

오히려 선생님 확인도 안 받고 알아서 바꿔가는 것을 불안해했다.

"선생님 이것 보세요. 100원짜리 10개 맞지요?"

손바닥을 쫙 펴서 자신의 결백을 확인받고 가는 아이도 있었다.

"돈을 누가 가져가면 어떻게 하실 거예요?"

강력한 벌칙이 있으면 감히 훔쳐갈 생각을 못하겠지만 그렇지 않으면 도난 사건이 일어날 거라는 전제가 깔린 질문이었다.

"마음먹고 몰래 가져간 사람을 찾아내기는 힘들단다. 선생님은 너희들이 스스로 양심을 지키기를 바란단다."

특별한 방법을 기대한 아이들 얼굴에 실망한 기색이 역력했다.

"견물생심(見物生心)이라는 말이 있단다. 물건을 보면 갖고 싶은 마음이 생긴다는 뜻이지. 물론 동전이 담긴 유리병이 없으면 돈에 대한 욕심이 생기지도 않겠지. 너희들은 무인은행이 필요하다고 생각하니?"

"있으니까 좋기는 해요. 동전을 빨리 바꿀 수 있어서요."

"그럼 누군가가 돈을 훔쳐갈지도 모르니까 무인은행을 없애야 한다고 생각하니?"

그러자 계속 돈을 바꿔가던 아이가 재빨리 대답했다.

"아뇨. 그건 싫어요. 그럼 유리병은 그대로 두고 서로 감시해요."

"음, 친구를 감시의 눈으로 보는 것은 찬성하기 어렵구나. '언젠가는 훔쳐갈 것'이라는 의심하는 마음이 깔려 있는 거잖니?"

상벌과 간섭에 길들여진 아이들이라 믿음과 자율성을 강조하는 말에 영 떨떠름한 표정을 지었다.

"선생님이 왜 너희들 허락 없이 가방이나 사물함을 열어보지 않는 다고 했지?"

아이들은 학기 초에 선생님이 선언한 내용을 떠올렸다. 교실 안에서 물건이나 돈이 없어져도 이 원칙은 지킨다는 말도 기억해 냈다. '검사' 한다는 것 자체가 아이들이 '훔쳐갔다'는 전제에서 출발하는 것이기 때문이다. 정해진 요일에 가방과 사물함이 정리되어 있는지 확인하는 것 외에는 갑자기 검사를 하지 않는다. 아이들을 존중하고 신뢰한다는 표현이자 아이들 스스로 도덕성을 키울 수 있다는 믿음에서 비롯된 것 이다.

만약의 상황도 미리 고민해 볼 필요가 있었다.

"만약 유혹을 이기지 못하고 돈을 가져갔다면 어떻게 해야 할까?"

정적을 깨고 한 아이가 대답했다.

"선생님에게 솔직하게 이야기하고 도로 가져와요."

다른 아이가 바로 반격했다.

"그게 쉽냐? 나도 잘못했을 때 내가 안 그런 척하거나, 안 했다고 거 짓말한 적 있어."

"맞아. 크게 혼날까 무서워서 아무 말도 못 했어."

나도 몇 마디 거들었다.

"선생님도 다른 사람에게 잘못을 고백하는 것은 쉽지 않더구나. 큰 용기가 필요하던걸. 선생님도 어릴 때 집에 있는 저금통에서 돈을 꺼 내 쓴 적 있는데 정직하게 이야기 못 했단다. 나중에 들켜서 무지 혼났 어."

담쟁이 은행: 몇백 원을 기부하기 위해 1,000원을 동전으로 바꾸는 모습

"맞아요. 친구들이나 선생님이 저를 어떻게 볼지 걱정돼요."

"소문나면 왕따당할 수도 있어요."

갈피를 못 잡는 아이들에게 한 가지 제안을 했다.

"고백하기 어렵다면 자기가 했다고는 밝히지 않기로 하자."

아이들은 혼란스러워했다.

"그럼 잘못을 덮어주는 건가요?"

"그건 아니야. 잘못을 깨달았다면 책임지고 해결을 해야겠지? 어떤 방법이 있을까?"

"돈을 도로 갖다놔요."

"좋은 생각이구나. 하지만 친구들이 그 모습을 볼 수도 있잖니?"

"그럼 유리병에서 돈을 바꾸는 척하면서 슬쩍 돈을 넣어요."

치열하게 고민한 끝에 자신들이 가장 마음에 드는 방법을 찾게 되자 좋아서 어쩔 줄 몰라 했다.

"그래 좋은 생각이구나. 정직하게 고백하면 더 좋겠지만 이렇게라도 스스로에게 떳떳해지고, 다시는 같은 잘못을 반복하지 않겠다고 다짐하면 좋을 것 같구나."

그 후로 아이들은 돈을 바꿔갈 때 내 눈치를 살피지 않았고, 다른 친구들이 돈 바꿔가는 모습에도 별다른 관심을 보이지 않았다. 다들 스스로 잘할 거라는 믿음이 생긴 것이다.

▌기록으로 돈에 대한
▌책임감을 배우다

'모든 사람의 책임은 누구의 책임도 아니다.'

사람 수가 많을수록 '누군가 알아서 하겠지'라는 생각에 책임을 다른 사람에게 미뤄버린다는 '책임감 분산' 이론이 있다. 쩨다카를 실천하는 아이들을 통해서도 이 이론이 증명되었다. 함께 모금을 하다 보니 자기 돈은 한 푼도 기부하지 않고 선생님 동전으로 대충 때우려는 아이들이 생겨난 것이다. 자기 돈은 내기 싫지만 '착한 일을 했다'는 만족감을 얻고 싶어 하는 아이들이 자칫 '보여주기식 나눔'을 배울까 봐 걱정되었다. 아이들이 책임감을 가지고 쩨다카에 참여하게 하기 위한 대책이 필요했다.

역사작가인 박기현은 『차이나는 유대인 엄마의 교육법』에서 유대인 부모는 가족이라도 내 것과 네 것을 완전히 구분하도록 가르친다고 했다. 형제자매끼리도 돈 계산을 철저히 하도록 하고 통장도 따로 관리하게 한다. 소유를 확실히 구분하는 습관을 기르며, 그에 따른 책임도 스스로 지도록 하는 것이다.

쩨다카에 얼마나 기부하고 있는지 파악하고, 낸 돈을 어떻게 관리할지 방법을 생각했다.

첫째, 자신이 기부한 금액을 반 기록지에 스스로 기록한다. 기록지 양식은 매년 아이들의 의사를 반영하여 조금씩 달라졌다. 선생님이 낸 돈과 아이들이 낸 돈을 구분해서 총액만 기록했을 때는 개인 참여 여부를 파악하기 어려웠다. 날짜별로 자신 이름 옆에 후원 금액을 기록해 보기도 했다. 이때 내 돈으로 했는지 선생님 지원금으로 했는지 구분하도록 했다. 기부 금액을 공개하면 비교하며 상처받지는 않을까 걱정도 했었다. 그런데 자신이 후원한 금액을 확인하며 뿌듯해하고 친구가 후원하는 것을 보고 자극을 받아 더 적극적인 나눔으로 이어지기도 했다. 만약 아이들이 개인 기부 금액을 밝히기 꺼려한다면 내가 낸 돈과 선생님 돈을 구분하지 않고 낸 금액만 쓰게 하거나 참여 여부만 'O, X'로 기록하면 된다.

둘째, 그날 모인 금액은 그날 정산한다. 여러 사람이 함께 돈을 모을 경우 투명한 관리가 매우 중요하다는 것을 알려주고 싶었다. 매일 얼마가 모였는지 세서 기록으로 남기기로 했다. 매주 돌아가며 학급봉사를 하는 세 명이 그 주의 정산을 담당했다. 방과 후에 자선함을 열어 친구들이 낸 돈과 선생님 지원금을 구분해서 얼마인지 파악하고 기록한 금액의 합계와 모인 돈 액수가 일치하는지 확인했다.

이렇게까지 철저하게 할 필요가 있는지 의문을 품는 아이들에게 구체적으로 설명해 주었다.

"돈은 항상 투명하고 철저하게 관리해야 한단다. 특히 이렇게 좋은 일에 쓰이는 돈일수록 더 신경 써야 해."

정산을 세 명이 함께 하는 이유에 대해서도 설명해 주었다.

"혼자 돈 계산을 하면 실수했을 때 확인하기 어렵고 돈에 대한 유혹에 쉽게 빠질 수 있단다. 여러 명이 함께 하면 재정의 투명성을 확보할 수 있단다."

누가 정산을 맡느냐에 따라 꼼꼼하게 이루어질 때도 있고, 합계가 맞지 않아 몇 번이고 다시 해야 할 때도 있었지만 돈을 '잘' 관리해야 한다는 인식이 서서히 자리 잡아 갔다.

셋째, 돈을 분실할 경우 관리한 사람이 책임진다. 큰돈은 아이들이 관리하기가 어려워 모은 돈은 선생님이 맡기로 했다. 정산을 마치면 선생님 지원 100원짜리 동전은 다시 바구니에 넣어 다음 날 쓸 수 있게 하고, 친구들이 기부한 돈은 무인은행 유리병에 넣었는데 이 유리병 관리를 내가 맡았다. 돈 관리에 대한 책임감을 심어주기 위해 또 질문을 던졌다.

"만약에 선생님이 돈을 잃어버리면 어떻게 해야 할까?"

"우리들에게 솔직하게 얘기해요."

"잃어버려서 미안하다고 사과해요."

"미안하다고 진심으로 사과하는 것도 중요한데 잃어버린 돈은 어떻게 해야 하는 걸까?"

아이들의 반응은 제각각이었다. 실수로 분실한 것이면 굳이 갚을 필요가 없다는 아이, 일부만 잃어버렸으면 다른 사람은 모르니 알릴 필요가 없다는 아이도 있었다.

"선생님도 분실 사실을 알리지 않고 슬쩍 넘어가고 싶은 마음이 들 수도 있어. 하지만 얼마가 모였는지 기록으로 남아 있어서 속이고 싶어도 속일 수가 없네."

"선생님은 없어진 돈만큼 책임지고 채워놓아야 한다고 생각해. 돈보다 신뢰를 지키는 것이 더 중요하거든."

선생님의 단호한 태도에 아이들은 돈 관리에는 책임이 따른다는 것을 깨달아갔다. 아직까지 유리병이 통째로 없어지거나 큰 액수가 사라지는 어마무시한 일이 벌어지지 않았음에 감사한다.

기부기간　2016. 10. 4(월) ~ 10. 28.(금)

순위	목표	기부목표액
<공통>	연탄나르기(11.11또는 11.18)	약200,000원
1순위	월드비전 니제르 학교 짓기	30,000원
2순위	유니세프 파상풍 백신	35,000원
3순위	유니세프 구충제	35,000원
4순위	월드비전 식수위생	30,000원

ㅇ우리반 정성 모으기
1) 아침 등교시간, 중간놀이 시간　2) 개인기부 하루 300원 이하
3) 동전 안 가져온 친구는 100원(선생님 지원)을 쩨다카 통에 넣기
ㅇ정산 : 방과 후
1) 우리 반 도우미가 모금액 기록　2) 저금통의 돈을 빼서 바구니에 정리

날짜		정산한 사람	니제르 학교 짓기(원)		연탄나르기(원)	
			우리들	선생님	우리들	선생님
10.3	월		개천절			
10.4	화		900	300	1400	900
10.5	수		0	400	200	800
10.6	목		250	100	450	1200
10.7	금		400	500	300	400
10.10	월		.	300	500	800
10.11	화		.	400	600	1000
10.12	수		900	100	100	300
10.13	목		150	700	650	1200
10.14	금		400	300	700	1000
10.17	월		400	500	650	1100
10.18	화		500	100	700	1500
10.19	수		200	500	300	1100
10.20	목		300	200	800	900
10.21	금		500	1700	400	1200
10.24	월		300	300	400	600
10.25	화		100	700	100	1200
10.26	수		300	600	400	1000
10.27	목		.	600	400	1700
10.28	금		.	900		300
합계			13,000 원		26,600 원	

쩨다카 기록지

· 개인이 낸 돈을 기록하지 않음

· 두 개의 쩨다카 자선함을 마련하여 두 가지 모금 동시에 진행

· 정산할 때 선생님 이름 스티커가 붙은 동전을 보고 개인 기부와 선생님 기부를 구분

2019년 달팽이반
내 손으로 작은 ♥기적 만들기
<사랑의 쩨다카 개별후원기록[24]>

독도수호활동 후원_반크(독도의 날 10월25일) | 모금기간:2019.10.21.~10.25

번호	달팽이	월 10.21 나	선생님 지원	화 10.22 나	선생님 지원	수 10.23 나	선생님 지원	목 10.24 나	선생님 지원	금 10.25 나	선생님 지원
1		원	100 원	원	100 원	원	100 원	원	100 원	350 원	원
2		300 원	원	300 원	원	300 원	원	원	100 원	800 원	원
3		원	100 원	원	100 원	원	100 원	원	100 원	원	100 원
4		원	100 원	200 원	원	원	100 원	원	100 원	1400 원	원
5		400 원	원	원	100 원	원	100 원	900 원	원	원	100 원
6		원	100 원	원	100 원	원	100 원	원	100 원	원	100 원
7		100 원	원	100 원	원	100 원	원	100 원	원	석 원	석
8		원	100 원	원	100 원	원	100 원	원	100 원	800 원	원
9		원	100 원	원	100 원	원	100 원	원	100 원	원	100 원
10		100 원	원	원	100 원	원	100 원	원	100 원	200 원	원
11		원	100 원	원	100 원	원	100 원	원	100 원	원	100 원
12		원	100 원	300 원	원	300 원	원	원	100 원	500 원	원
13		원	100 원	원	100 원	원	100 원	원	100 원	원	100 원
14		석 원	석	석 원	석	원	100 원	원	100 원	600 원	원
15		원	100 원	원	100 원	원	100 원	원	100 원	원	100 원
64		원	100 원	원	100 원	원	100 원	원	100 원	원	100 원
52		원	100 원	원	100 원	원	100 원	원	100 원	원	100 원
53		원	100 원	원	100 원	원	100 원	원	100 원	1000 원	원
54		원	100 원	원	100 원	원	100 원	원	100 원	원	100 원
55		원	100 원	원	100 원	원	100 원	원	100 원	500 원	원
56		원	100 원	원	100 원	원	100 원	원	100 원	100 원	원
57		원	100 원	원	100 원	원	100 원	원	100 원	200 원	원
58		원	100 원	원	100 원	원	100 원	원	100 원	원	100
59		500 원	원	500 원	원	원	100 원	원	100 원	1000 원	원
60		원	100 원	원	100 원	원	100 원	원	원	1000 원	원
61		원	100 원	원	100 원	원	100 원	원	100 원	원	100 원
63		원	100 원	원	100 원	원	100 원	원	100 원	원	100 원
일일합계		1400 원	2100 원	1400 원	2100 원	700 원	2400 원	1000 원	2400 원	7950 원	1400 원

[일주일 합계] 달팽이들 (12450)원 + 선생님 지원 (10400)원 = 합계 (22850)원

쩨다카 기록지

· 개별적으로 얼마를 냈는지 자신의 돈과 선생님 돈을 구분해 기록
· 10월 25일은 독도의 날이라 개인 기부 참여가 높았음

쎄다카 자선함에 돈을 넣는 모습

쎄다카 정산하는 모습

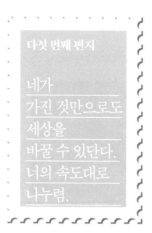

다섯 번째 편지

네가
가진 것만으로도
세상을
바꿀 수 있단다.
너의 속도대로
나누렴.

"오늘이 독도의 날이라 1,000원을 넣고 싶은데, 그러면 제가 쓸 돈이 별로 안 남아서 고민이에요."

한 친구가 모금함 앞에서 한참을 머뭇거리다가 조심스럽게 말을 꺼냈지.

이렇게 너희들이 쩨다카 모금함 앞에서 망설이는 모습을 종종 본단다.

'사이버외교사절단 반크'의 독도수호활동에 후원할 돈을 모금하는 마지막 날. 특별한 날에 과감하게 후원하고 싶은 마음과 후원한 후에 견뎌야 할 불편함을 걱정하는 마음. 둘 사이에서 갈팡질팡하는 마음을 이해한단다.

선생님도 비슷한 고민을 할 때가 많거든. 나눔에 관심을 기울일수록 도움이 필요한 사람이 끝도 없이 나오는 거야.

'세상에 도움이 필요한 사람이 이렇게나 많았나' 하는 생각도 들고, '이 많은 사람을 어떻게 돕지?' 막막한 마음도 들었단다. 얼마 안 되는 돈이 큰 도움이 될 것 같지 않아 그만두려고 생각한 적도 많았어.

평생을 인도에서 고아와 병든 사람을 돌보는 데 헌신하신 테레사 수녀님에 대해 함께 이야기한 것 기억하니? 노벨평화상을 수상했고, 그때 받은 상금까지도 가난한 사람들을 위해 모두 사용하신 그분 말이야. 그렇게 온전하게 자신의 삶을 다른 사람을 위해 내어준 분도 우리와 같은 고민을 했나 봐.

"나는 결코 대중을 구원하려고 하지 않는다. 나는 다만 한 사람을 바라볼 뿐이다. 나는 한 번에 단지 한 사람만을 사랑할 수 있다. 한 번에 단지 한 사람만을 껴안을 수 있다."

수녀님이 헌신하기 시작했던 2차 세계대전이 끝난 직후에는 인도 거리 곳곳에 난민과 가난한 사람들이 넘쳐났단다. 아무리 애써도 돌볼 환자와 아이들이 줄지 않았을 때 돕는 것을 포기하고 싶지 않았을까? 하지만 수녀님은 끝까지 자신의 자리에서 할 수 있는 최선을 다했단다. 우리도 우리가 할 수 있는 만큼 나누면 된다고 생각해. 너무 무리하면 금방 지치거든.

선생님도 너희와 나눔을 하며 기회가 될 때마다 나눔을 실천하려고 노력한단다. 12월에는 주머니에 1,000원짜리를 여러 장 넣고 다니면서 구세군 냄비가 보일 때마다 1,000원씩 넣는 습관이 새로 생겼어. 예전에는 쑥스럽기도 하고 적은 돈을 넣고 감사 인사 받기도 민망해서 그냥 지나쳤는데 말이야.

너희가 읽을 책을 우리 반 서재에 놓는 것도 나눔이라고 생각해서 부지런히 책을 샀단다. 너희가 사랑하는 담쟁이 서재의 1,000권이 넘는 책은 무려 8년에 걸쳐 모은 거란다. 초반에는 열정이 넘쳐 선생님이 하고 싶은 것을 포기해 가면서까지 책을 샀는데 얼마 못 가서 지치더구나. 이제는 무조건 사는 것이 아니라 재정 계획을 세울 때 감당할 수 있는 적절한 금액을 따로 떼서 너희들 책을 산단다. 보이는 대로 무조건 다 사는 것이 아니라 우선순위를 정해 필요한 책부터 사는 습관을 들였지.

돈이 아니더라도 너희가 가진 것으로도 나눔을 할 수 있어. 오소희 작가는 아들 중빈이와 라오스, 아프리카, 남미 등을 함께 여행했어. 『하쿠나 마타타 우리 같이 춤출래?』, 『안아라, 내일은 없는 것처럼』 등의 책에는 여행 중에 만난 많은 사람들의 이야기가 담겨 있고, 중빈이가 어떻게 나눔을 실천했는지도 나와.

중빈이는 일곱 살 때부터 바이올린을 들고 다니면서 바이올린을 처음 보는 아이들 앞에서 연주했어. 그 아이들에게 아름다운 음악을 선물한 거야. 돈이 없어도 가진 재능으로 다른 사람을 행복하게 해줄 수 있었지. 오소희 작가는 책의 인세 일부를 제3세계에 도서관을 세우는 데 기부해 왔다는데 아들이 엄마를 쏙 빼닮은 것 같구나.

선생님에게도 나눔이 돈으로만 하는 것이 아니라는 것을 알려준 친구들이 있었어. 뉴질랜드의 마운트 쿡에 올라 한 방에서 여러 명이 자는 백패커스에서 묵을 때였어. 한여름에도 높은 곳은 눈이 녹지 않는 곳이라 선생님이 묵는 숙소도 새벽에는 안개가 자욱하고 밤에는 으스스 찬 기운이 감돌았단다.

밤에 멋모르고 머리를 감았다가 입술이 파랗게 질려 오들오들 떨던 선생님을 보더니 같은 방에 묵고 있던 중국인 친구가 자신이 챙겨온 헤어드라이기를 쏙 내밀었어. 머리를 말리고 자야 감기 들지 않는다면서 말이야. 헤어드라이기에서 나오는 따뜻한 바람이 얼마나 감사하던지. 그 친구의 진심 어린 걱정과 위로가 많은 힘이 되었단다.

다른 여행지에서 복통으로 떼굴떼굴 구르는 선생님에게 자신이 가지고 있던 약을 다 털어서 준 친구도 있었어. 이렇게 따스한 경험을 한 이

후로는 다른 사람의 상황을 잘 살피게 되었단다. 여행을 할 때 일부러 약을 넉넉하게 준비해 가곤 했어. 한번은 같은 방에 묵던 외국인 친구가 너무 많이 걸어 발에 상처가 난 것을 보고 상처에 바르는 약과 밴드를 주었단다. 그 친구가 고맙다며 건네던 눈빛을 잊을 수가 없어. 스스로가 얼마나 대견했는지 몰라.

자, 이제 할 수 있는 것부터 나눔을 시작해 볼까? 나눔을 어떻게 실천할지는 끊임없이 고민하는 것 잊지 말고.

생텍쥐페리의 『어린왕자』에 나오는 장미를 기억하니? 어린왕자에게 끊임없이 무언가를 해달라고 보채던 장미가 도도하고 까다롭다며 고개를 내저었잖니? 답답해하는 우리들 마음을 아는지 모르는지 어린왕자는 장미에게 정성껏 물을 주고 바람막이를 마련해 주었어.

그 장면을 읽으며 '나에게 바람막이가 되어주는 사람'을 함께 떠올려 보았지. 너희들이 가장 먼저 떠올린 사람은 부모님이었어. 평소에는 부모님에 대한 불만을 쏟아내던 너희들이었는데 말이야. 언제나 내 편이 되어주는 할머니, 나를 응원해 주는 친구도 있었어. 무엇보다 우리가 함께 공감했던 대상은 '내가 아파서 울고 있을 때 혓바닥으로 눈물을 닦아준 강아지'였지. 너희보다 약한 존재도 너희를 지켜줄 수 있다는 것에 다들 크게 고개를 끄덕이면서 말이야.

반대로 '내가 바람막이가 되어주고 싶은 사람'을 생각해 보라 했더니, 부모님, 동생, 사촌, 친한 친구뿐 아니라 키우고 있는 강아지, 새우, 방울토마토도 있었지. 혼자 있는 친구나 몸이 불편한 친구 곁에 있어주고 싶다는 의견이 나왔을 때는 얼마나 감사했는지 몰라.

힘들 때 누군가 떠올릴 사람이 있다는 것은 참으로 든든하고 힘이 되는 일이란다. 너희들도 누군가에게 힘이 되는 존재가 되었으면 좋겠구나.

선생님도 마음이 어려울 때 떠올리는 사람이 있단다. 가족, 친구, 동료 선생님, 학부모님, 너희들까지. 살아온 햇수만큼 힘이 되는 사람들이 늘고 있는 것에 무척 감사하고 있단다.

그 사람들 중 꼭 소개하고 싶은 사람이 한 명 있어. 그 친구를 떠올리면 어깨가 쫙 펴지면서 마음의 온도가 올라간단다. 선생님은 대학 때부터 영어권 나라에서 영어 공부를 해보는 것이 소원이었는데 그러지 못했거든. 못다 이룬 꿈을 이루기 위해 교사가 된 후 겨울방학을 이용해서 영어를 배우러 가기로 결심했고, 뉴질랜드 오클랜드에 있는 어학원에 등록해서 3주간 다녔어.

어학원에 도착하자마자 레벨 테스트를 하고 배정된 반에는 중국, 사우디아라비아, 스위스, 뉴칼레도니아 등 다양한 국적의 사람들이 모여 있었단다. 처음 가보는 나라 문화에 적응하랴 신경을 곤두세우고 수업 시간에 설명을 들으랴 정신없었지. 영어를 유창하게 구사하는 반 사람들을 보며 한없이 초라해지기도 하고, 많지도 않은 과제에 쩔쩔매면서 자신감도 많이 잃었단다.

그런데 정말 기적처럼 잔뜩 움츠리고 있었던 선생님을 일으켜 세운 친구가 있었어. 자신이 인상 깊게 읽은 책을 소개하는 시간이 있었어. 다행히도 인터넷에 관련 자료가 많아 발표 대본까지 만들어 달달 외워가며 발표 준비를 했었거든. 선생님이 소개한 책은 『세 잔의 차』였는데, 작가인 그레그 모텐슨이 파키스탄과 아프가니스탄의 오지에 수십 개의 학교를 설립한 내용이었어.

목소리는 계속 떨리고 식은땀이 흘렀지만 발표를 무사히 마쳤단다. 자리로 돌아가는데 발표 내내 고개를 끄덕이며 듣던 러시아 친구가 환한 미소와 함께 엄지손가락을 높이 들어 올렸어. 쉬는 시간이 되자 쏜살같이 다가와 어떻게 그렇게 좋은 책을 알게 되었는지, 봉사 활동에 관심이 있는지를 물었어. 그 친구의 진심이 느껴지면서 다른 사람에게 인정받는 기분이 이런 거구나 새삼 깨달았어.

계속 연락하고 싶은 친구였지만 요즘처럼 SNS가 활발하던 시절도 아니라 한국으로 돌아오고 나서는 연락이 끊겼단다. 그런데 신기한 건 시간이 지날수록 그때 일이 점점 또렷해진다는 거야. 스스로가 볼품없다 여겨질 때마다 그 친구의 미소와 엄지손가락이 떠올라.

"잘하고 있어. 힘든 일은 다 지나갈 거야. 조금만 더 버텨."

어깨를 토닥이며 이렇게 말해주는 듯하단다.

선생님이 러시아 친구 이야기를 꺼낸 이유는 가까이 있거나 오랜 시간을 함께한 사람이 아니더라도 오랫동안 마음에 남는 사람이 될 수 있다는 것을 알려주고 싶어서야. 스쳐 지나가는 사람이 건네는 위로의 말에도 마음을 추스를 수 있고, 지구 반대편에서 모르는 사람들이 보내는 도움의 손길 덕분에 인생이 달라질 수도 있다는 걸 알았으면 좋겠구나.

누군가에게 힘이 되어주는 사람이 되는 것은 어렵지 않아. 나에게 용기를 불어넣어 주었던 사람들이 해주었던 것을 다른 사람에게도 해주면 된단다. 상대의 상황과 마음에 맞는 방법으로 말이야.

우선 주변에 있는 사람에게 진심 어린 칭찬과 격려의 말을 자주 건네렴. 솔직하게 공감하며 진심으로 마음을 내어주면 된단다. 그러면 상대방은 자신이 가치 있는 사람이라고 생각하며 용기를 얻을 수 있을 거야.

그러기 위해 관심의 범위를 넓혀보렴. 한 번도 만나지 못한 사람이라도 기회만 된다면 돕겠다고 생각해 봐. 다른 사람을 일으켜주는 너희들 모습은 꽤 근사할 것 같구나.

어때, 마음을 내어줄 준비가 되었니?

CHAPTER 04 쩨다카로 나눔을 실천하다

굿네이버스, 녹색연합, 사이버 외교사절단 반크, 세이브더칠드런, 연탄은행, 유니세프, 유엔난민기구, 월드비전, 초록우산 어린이재단, 한국 백혈병 어린이재단, 한국해비타트 등 각 기관에서 날아온 후원 증서가 꽤 묵직하게 쌓였다. 후원 증서만큼 떠올리기만 해도 설레는 추억도 함께 쌓였다. 6년 동안 이 많은 나눔 활동을 해왔다는 사실이 믿기지 않는다.

처음 시작할 때는 후원이라는 단어도 낯설어하던 아이들이 어느덧 다음에 누구를 도울지 기대하는 아이들로 변화했다. 선배들의 발자국을 따라 여기저기 많은 나눔 발자국을 남겼다.

후원부터 봉사 활동까지 꼬리를 무는 나눔이 계속되면서 아이들의 마음도 자랐다. 세상을 넓게 보고 삶의 다양성을 이해하는 포용력, 받는 사람의 마음을 헤아릴 줄 아는 겸손함, 힘든 일을 견뎌내는 인내심, 어려운 사람을 돕고 싶다는 따스한 마음까지.

쩨다카를 함께 실천하면서 나눔이 더 좋은 사람으로 사람을 만든다는 믿음을 준 아이들이 고맙다.

후 원 증 서

후원회원명 ┃ 2018   초 4학년 담쟁이반
후원내용 ┃ 밥퍼나눔운동본부 무상급식 후원
후원일시 ┃ 2018년 05월 31일
후원금액 ┃ 97,300원

밥퍼나눔운동본부와 함께
섬김과 나눔을 실천하여
아름다운 세상을 만드는
2018   초 4학년 담쟁이반
소중한 학우분들에게
감사의 마음을 담아
이 증서를 드립니다.

2018년 5월 31일
사회복지법인 다일복지재단

DAIL 다일복지재단
DAIL WELFARE FOUNDATION

후 원 증 서

후원회원명: 2017   초 5학년 달맞이반
후원내용: 다일복지재단 필리핀 카얀씨 마을 후원
후원일시: 2017년 12월 12일
후원금액: 20,000원

다일복지재단과 함께
생명과 나눔을 실천하여
아름다운 세상을 만드는
2017 초 5학년 달맞이반
소중한 작은 분들에게
감사의 마음을 담아
이 증서를 드립니다.

2017년 12월 18일
사회복지법인 다일복지재단

후 원 증 서

NO.18-124

후원천사 : 2018   초 4학년 달맞이반

어려운 이웃을 위해 따뜻한 사랑과 마음으로
"연탄가족을 위한 2평의 기적"의 후원천사가
되어 주셨기에 감사드리며, 이 증서를 드립니다.

후 원 : 39,000원

2018년 11월 16일

밥상공동체복지재단
대 표 허 기 ㅇ

GREENPEACE

후원확인증

이름   초등학교 4학년 달맞이반 학생 일동
주소
후원일시   2018년 12월 31일
후원금액   총 25,000원

후 원 확 인 증

후 원 자 : 2018 초등학교 4학년 담쟁이반
후 원 금 액 : 62,000원
후 원 기 금 : 독립운동가 후손 주거지원캠페인 활동 참여

열악한 주거환경으로 고통 받는 이웃들을 위해 나눔을 실천해주신
[2018 초등학교 4학년 담쟁이반]님, 참 고맙습니다.

한국해비타트는 후원자님의 따뜻한 마음을 오래도록 기억하며,
소중한 후원금으로
더 많은 가정이 안락한 보금자리를 만들 수 있도록
희망을 전하겠습니다.

2018년 12월 06일

(사)한국해비타트

후원회원확인서
- 후원금 입금 확인용 -

후원자명 : 2019 초5학년담쟁이반
회원번호 : 2019M

상기 단체는 세이브더칠드런의 후원단체로 아동들의 생존, 보호, 발달,
참여의 권리를 지키기 위한 나눔을 실천해주셨습니다.
따뜻한 후원에 감사드립니다.

후원일자	후원종류	후원금액
2019년 05월 21일	일시후원(캐피탈아이 학교)(04-07기)	47,750원

2019년 05월 21일

사회복지법인 세이브더칠드런코리아

후 원 확 인 서

제 2019-265 호

후원자명 : 2019 초 5학년 담쟁이반
후원자번호 :

삶기 후원하는 사람을 귀하게 여기는 마음으로
초록우산 어린이재단을 통해 어려운 이웃을 위한
나눔사업에 적극 참여하여
2019년 06월 29일
총 32,000원 후원하였음을 확인합니다.

2019. 07. 16.

회장 이 제 훈

초록우산 어린이재단 1588-1940 www.childfund.or.kr

168

제2019-03호

영 수 증

신청사항	성명 (단체명)	2019 초 5학년 담쟁이반
	생년월일 사업자번호	
	주소	
영수사항	날짜	2019년 10월 15일
	기부내역	김만덕기념관 및 기부금 금삼만오천삼백삼십원整(₩35,360원整)
	용도	기부 확인용

위와 같이 영수합니다.

2019. 10. 15

김만덕기념관

---

unicef ⓒ
for every child

3N1010-00050615

감 사 장

2019   초 5학년 담쟁이반

2019   초등학교 5학년 담쟁이반은 세계 어린이를 위해 일하는
UNICEF의 '생명을 구하는 선물(Inspired Gifts)'을 통하여
식수정화제(Water Purification Tablet)를 후원해주시어 인도주의를
실천하는 학급 정신을 널리 보여주셨습니다.
유니세프한국위원회는 세계 어린이의 생존, 보호, 발달을 위한 귀 학급
의 관심과 지원에 진심으로 깊은 감사의 뜻을 전합니다.

2019년 10월 17일

유니세프한국위원회
회 장   송 상 현

후원금 납입 영수증

후원자	후원자명	초등학교 5학년 담쟁이반
	후원일시	2019년 10월 25일
	후원금액	일금사만일천사백오십원整(₩41,450)
	후원내용	독도지킴이 활동 모금 후원

위와 같이 후원금을 기부하였음을 증명합니다.

2019년 10월 25일

사이버 외교사절단 반크
대 표   박 기 태
고유번호 607-82-74497

※본 후원금 납입 영수증은 법정 소득공제 영수증이 아니므로 소득공제 효력이 없습니다(단).

제2019-078호   보건복지부장관표창 제228호

감 사 장

초등학교5학년 담쟁이반

기부내용 : 소외계층아이들을 위한 도서지원
기부금액 : 일금사만원整(40,000)

가슴 속 큰사랑으로 이웃사랑을
실천하고 아름다운 마음을 통해 많
은 사람들에게 귀감이 되었기에 감
사장을 드립니다.

2019년 12월 27일

나눔코리아·충
회장 조 현 두

한국백혈병어린이재단

기 부 증 서

2020   초
5학년 담쟁이반

소아암 어린이들이 건강하게 자라 예쁜 꿈을 가질 수
있도록 응원해주셔서 감사합니다. 마음을 담아 보내주신
소중한 후원금 사만오천원(₩45,000)은 소아암 치료 중인
어린이에게 전해져 건강한 미래의 주인공으로 성장하는
데 필요한 힘이 될 것입니다. 이에 깊은 감사를 드리며
그 고마운 마음을 이 증서에 담아 드립니다.

2020년 11월 11일

한국백혈병어린이재단이사장

연탄은행

사랑의 연탄 기증서

★검은 보석 사랑의 연탄을 나눠요★

(연탄220장)

₩176,000

2020년 11월 20일

2020   초5학년 담쟁이반

체계적으로
후원을 시작하다

몇 년 전 쩨다카를 처음 시작했을 때는 후원 대상을 정하지 못하고 모금부터 했다. 하지만 뚜렷한 목표가 없다 보니 금세 흥미를 잃었다. 시행착오를 겪으며 보다 의미 있는 나눔이 될 수 있도록 쩨다카 절차를 만들었다.

1. 후원 대상 결정
2. 후원 기간 · 목표 · 금액 설정
3. 다짐 및 모금
4. 후원 신청
5. 후원 증서 공유 및 소감문 작성

후원 대상
결정

나눔을 실천하는 반을 만들겠다고 아이들에게 큰소리를 쳐놓기는 했는데, 누구를 도와야 할지 난감했다. 내가 먼저 공부를 할 수밖에 없었다. 일단 인터넷으로 NGO 홈페이지를 훑어보기 시작했다. 막상 찾아보니 도움이 필요한 사람들이 정말 많았다. 공통된 특징은 후원 대상이 국내와 해외로 나뉘어 있다는 것과, 후원 방법은 매달 하는 정기후원과 한 번만 돕는 일시후원이 있다는 것이었다. 아이들의 관심을 넓히기 위해 국내뿐 아니라 해외도 후원하기로 했고 쩨다카 활동을 학년 말에 마무리해야 하므로 정기후원보다는 일시후원을 선택했다.

후원 대상 선정 기준은 이렇다.

첫째, 아이들이 현재 관심을 가지고 있는 주제를 나눔 대상과 연결시킨다. 질병, 물 부족, 자연재해 등 아이들이 관심을 두고 있는 주제를 깊이 있게 공부하며 상황을 개선할 수 있는 방법을 찾고, 후원을 통해 도움을 주고자 했다.

둘째, 아이들이 관심을 가졌으면 하는 주제를 나눔 대상과 연결시킨다. 관심 영역을 넓혀 인종, 종교, 기아, 전쟁, 교육 등의 문제를 함께 고민하며 후원에 참여하는 것이다.

후원 기간·목표·금액
설정

모금 기간은 짧게는 3일부터 길게는 한 학기까지 시도해 봤는데, 한 달이 넘어가면서부터는 후원 대상에 대한 관심이 점점 멀어지기 시작했다. 프로젝트를 완성하는 데 2~4주가 가장 적당했다. 매번 후원 대상을 정해 모금을 진행하니 더 다양한 기관을 도울 수 있었고, 미션 완료 후 성취감 고취에도 더 긍정적인 효과가 있었다. 학급에서는 20명 남짓 아이들이 함께 모으니 기간이 짧아도 후원금이 금방 모이지만, 가정에서 개인후원을 하는 경우 좀 더 기간을 길게 잡고 하는 것이 좋겠다.

후원 기간
2~4주 단위로 다른 주제로 후원 활동을 진행했다.

후원 목표
후원 목표는 NGO의 다양한 활동을 보여준 후 아이들과 함께 의논하여 결정했다.

예시
- 아프리카의 한 가정이 자립할 수 있도록 염소 보내기
- 소아마비, 파상풍으로 고통받지 않도록 아프리카에 예방백신 보내기

· 난민 아동이 지속적인 보호를 받을 수 있도록 후원금 보내기

· 필리핀 까만씨 마을 아이들이 건강하게 자랄 수 있도록 구충제 보내기

· 북한 어린이가 건강하게 자라도록 수액제와 항생제 보내기

후원 금액

학교에서 기부를 강요하는 것처럼 비칠까 봐 목표액은 정하지 않고 모이는 만큼 후원했다. 단, 염소 1마리 4만 원, 파상풍 예방백신 5만 원처럼 후원 물품 금액이 정해진 경우에는 목표액을 채울 때까지 기간을 늘렸다. 학생들이 수행할 미션을 내주고 미션을 완료할 경우 부족한 금액만큼 선생님이 채우는 특별 이벤트를 진행하기도 했다.

후원 초반에는 이런저런 걱정이 앞섰다.

'금액이 너무 적어 후원 기관에서 받아주지 않으면 어쩌지?'

'이렇게 적은 액수도 도움이 될까?'

하지만 아이들과 함께 모은 의미 있는 돈을 '무사히' 전달하는 횟수가 늘어날수록 액수에 대한 부담감을 내려놓을 수 있었다. 적은 돈이라도 여러 사람의 마음이 모이면 큰 힘이 된다는 것을 깨달은 것은 큰 선물이었다.

다짐 및 모금

후원을 통해 단순히 '착한 일을 하고 있다'는 막연한 만족감만 느끼게 하고 싶지 않았다. 돕고 있는 대상이 어떤 어려움에 처해 있는지, 왜 그런 어려움을 겪고 있는지, 그들을 돕기 위해 무엇을 해야 하는지 제

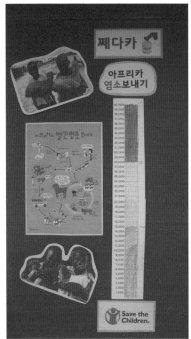

기부금 누적 그래프

대로 공부하면서 쩨다카를 진행하고 싶었다.

　쩨다카를 본격적으로 시작하기 전에 이혜영의『인권도 난민도 평화도 환경도 NGO가 달려가 해결해 줄게』를 읽으면서 NGO가 어떤 기관이고 무슨 일을 하는지 알아보았다. 강창훈의『전쟁도 평화도 정치도 경제도 UN에 모여 이야기해 보아요』를 읽고 국제기구의 역할에 대해서도 살펴보았다.

　모금 활동을 진행하는 동안에는 관련 주제에 대한 자료를 수집해 배경지식을 넓혔다. 책을 읽고 토론하며 물 부족, 질병, 굶주림과 같은 문이번 주 『쩨다카 실천』

담쟁이들은 지금...
여자아이 학교 보내기 후원 중

모금 기간 : 2019.4.29.[월]~5.10.[금]
후원 기관 : 세이브더칠드런 — Save the Children

이번 주 『쩨다카 실천』

담쟁이들은 지금...
난민 아동 보호 캠페인 후원 중

모금 기간 : 2019.5.27.[월]~6.7.[금]
후원 기관 : 유엔난민기구 UNHCR 유엔난민기구

이번 주 『쩨다카 실천』
★10월 25일은 독도의 날★

담쟁이들은 지금...
독도 수호 활동 후원 중

사이버외교사절단 반크 Voluntary Agency Network of Korea
모금 기간 : 2019.10.14.[월]~10.25.[금]
후원 기관 : 사이버외교사절단 반크

이번 주 『쩨다카 실천』

담쟁이들은 지금...
소아암 어린이 돕기 후원 중

모금 기간 : 2020.11.3.[월]~11.7.[금]
후원 기관 : 한국백혈병어린이재단

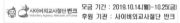

이번 주 후원 안내

제의 원인을 파악하고 해결 방법을 모색하기도 했다.

쩨다카에 꾸준히 관심을 갖게 할 방법도 필요했다. 아이들의 관심은 하루에도 몇 번이고 옮겨간다. 어제 친구들이 뭐 했는지, 체육 시간에 뭐 할지, 급식 메뉴는 뭔지, 쉬는 시간에 어떤 보드 게임을 하며 놀지 등 수많은 생각을 한다. 또한 조금만 관심에서 멀어져도 금방 흥미를 잃거나 잊어버리곤 했다.

아이들의 지속적인 관심을 유도하기 위해 시선이 자주 머무는 칠판에 쩨다카 누적 그래프를 붙여놓았다. 후원 대상, NGO 이름과 로고, 주제 관련 사진을 붙여놓고 모인 금액을 누적하여 색칠했다. 쉬는 시간에 놀다가도 잠깐씩 칠판 앞에 모여 그래프를 흐뭇하게 바라보기도 하고, 앞으로 모금될 금액을 예측해 보기도 했다.

그래프는 손이 많이 가는 작업이었기에 만들지 못할 때도 많았다. 그럴 때는 A4 한 장으로 간단하게 작성하여 붙여놓았다. 아무것도 붙여놓지 않았을 때보다는 관심과 참여율이 확실히 높아졌다.

후원 신청

"선생님, 우리 전화한 것 언제 와요?"

아이들이 기부금 후원 증서를 애타게 기다리는 중이다. 후원 증서는 NGO마다 양식이 약간씩 다르지만 후원자 이름, 기부 금액, 기부 목적이 적혀 있고 후원에 대한 감사 인사가 담겨 있다.

후원금이 모이면 NGO에 연락하는 것은 선생님 몫이었는데, 선생님이 통화하는 모습을 지켜본 아이들이 자기도 해보고 싶다고 했다. 자신들이 모은 돈이니 후원 신청도 직접 해보는 것이 좋겠다 싶어 과감하게 맡겼다. 대신 요령이 생길 때까지는 도와주기로 약속하고 통화 대본을 만들어주었다.

모둠 친구들과 역할을 나눠 연습한 후 드디어 전화를 걸 시간. 떨리는 손으로 힘겹게 전화번호를 누르고는 전화가 연결되니 어쩔 줄 몰라 한다. 목소리의 떨림은 멈추지 않았고 쿵쾅거리는 심장 소리가 들릴 정도였다. 허둥대는 바람에 NGO 직원분의 이야기를 듣지도 않고 일방적으로 대본을 읽어버려 NGO 직원분이 당황하기도 했다.

스피커폰을 통해 대화를 숨죽이며 함께 듣고 있던 아이들은 통화를 마칠쯤 너도나도 큰 소리로 "감사합니다"를 외치기도 했다. 어렵사리

후원 신청 대본

말하는 사람	말할 내용
이○○	안녕하세요? 저희는 ○○에 있는 ○○초등학교 ○학년 학생들인데요.
윤○○	저희 반에서 '(예. 아프리카에 파상풍 예방백신 보내기)'를 위해 후원금을 모금했습니다. 총_____원을 보내고 싶습니다. (상대방 이야기 듣기)
박○○	후원금은 어디로 보내드리면 될까요? (설명을 듣고 은행 이름과 계좌번호를 받아 적는다)
한○○	이메일로 후원 증서를 받고 싶어요. 단체이름은 '2020 ○○초 ○학년 담쟁이반'이고 메일 주소는_____@_____입니다. (상대방 이야기 듣기)
다함께	감사합니다!

미션을 마치고 전화를 끊은 아이들의 얼굴에는 자부심 어린 미소가 번진다.

그때부터 애타게 후원 증서를 기다리기 시작한다. 빨리 받아보고 싶을 때는 이메일로 신청하지만 봉투를 뜯어보는 기쁨을 만끽하고 싶을 때는 우편으로 요청했다.

후원 전화는 모둠별로 순서를 정해 진행했는데 후원금이 모이면 전화할 차례가 된 모둠이 대본을 달라고 재촉할 때가 많았다. NGO 직원분들 덕분에 열정적으로 참여할 수 있었다. 바쁜 가운데에도 인내심을 가지고 아이들의 말을 친절하게 경청해 주신 분들께 감사드린다.

후원 증서에는 1반, 2반 대신 우리 반 별칭인 '담쟁이반'이라고 적혀 있다. 도종환 시인의 〈담쟁이〉 시 구절을 읽고 '함께 어려움을 극복하며 성장하는 반'이라는 의미를 담아 지은 이름이다. 후원 증서 단체명을 '2020(해당 연도) ○○초 ○학년 담쟁이반'으로 만들어 담쟁이반의 역사를 이어가고 있다.

후원 증서 요청할 때 소감
· 전화할 때 떨리고 조금은 무서웠다.
· 오늘 전화를 한 모둠은 목소리가 작아 시간이 많이 걸렸는데 우리 모둠도 목소리가 작아 걱정된다.
· 친구가 잘못 읽을 때 웃으면 안 되는데 웃어버렸다.
· 친구들이 전화하는 것을 볼 때와 직접 하는 것은 정말 달랐다. 어려웠지만 우리 모둠도 해냈다.

후원 증서 공유 및 소감문 작성
드디어 후원 증서가 도착했다. 설렘과 기대감이 한껏 고조된 상태에서 우편봉투를 뜯고 후원 증서를 꺼내자 여기저기서 환호성이 터져 나온다. 메일로 받았을 때는 증서를 미리 출력하여 준비해 두었다. 후원자명, 후원 기관 이름, 후원 금액을 상장 수여할 때처럼 실감 나게 읽어 주었다.

후원 증서 원본은 교실에 붙여놓고, 인원수만큼 복사한 증서를 개별적으로 나눠주었다. 이미 읽어준 내용인데도 증서를 받자마자 손가락으로 짚어가며 확인하고 또 확인한다. 자신들이 얼마나 의미 있는 일을 하고 있는지에 대한 자부심이 엿보였다.

하나의 후원을 마칠 때마다 활동을 되돌아보며 소감문을 작성했다. 소감문에는 느낀 점을 쓸 칸과 함께 후원 목적, 후원 기관, 모금 기간, 후원 금액을 정리해서 넣었다. 후원 금액은 모금 기간 동안 선생님과 아이들이 모은 금액을 정확하게 정산하여 구분하여 적었다. 이어서 후원을 받는 사람들에게 하고 싶은 말과 후원 증서를 받았을 때 느낌을 쓰도록 했다.

후원 증서를 받았을 때 소감
- 어려운 사람들이 좀 더 행복해질 것 같아 뿌듯하다.
- 세이브더칠드런 '여자아이 학교 보내기' 후원 증서를 받고 책에서 본 어린이 인권에 대해 생각했다. 생존, 보호, 발달, 참여의 권리에 대해 나왔는데, 여자아이들의 인권이 높아진 것 같아 기분이 좋았다.
- 나로 인해 한 사람이라도 더 행복하게 살 수 있다고 생각하니 괜히 기분이 좋다.

후원 걸음마를 떼기 시작한 아이들에게 후원 증서는 나눔 실천 의욕을 불타오르게 하는 좋은 열매가 되어주었다.

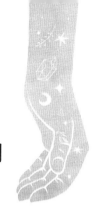

사랑의 연탄 나르기

3.65kg 연탄에 36.5℃의
온기를 실어 나르다

밥상공동체 연탄은행
- 연탄 후원
- 2평의 기적 후원

"선생님, 우리도 연탄인가 그런 거 나르러 가요?"

작년에 가르쳤던 아이들이 교실에 놀러 왔다가 후배들에게 연탄 이야기를 들려주었던 것이다.

"연탄이 뭐야?"

"우리 어디 놀러 가?"

끊임없이 물음표를 던지는 아이들에게 대답 대신 연탄을 나르는 선배들의 모습이 담긴 사진을 보여주었다. 연탄 나르기에 대한 기대가 한껏 높아지면서 매년 꼭 해야 하는 활동이 되어버렸다.

2015년부터 날이 쌀쌀해지기 시작하는 11월이 되면 연탄 나르기를 해왔다. 연탄 후원금을 모으고, 연탄이 필요한 곳에 직접 날라드리고 오는 것이었다. 연탄 나르기가 그저 '재미난 봉사 활동'에 그치지 않도록 관련 책도 읽고 봉사자로서 마음을 가질 수 있는 다양한 활동을 했다.

연탄과의 연결고리 만들기

평소 연탄과 상관없이 살아온 아이들에게 연탄은 참으로 생소한 존재다. 연탄에 대한 관심을 높이고 연탄에 대한 사전지식을 파악하기 위해 연탄에 대한 경험이나 궁금한 점을 모조리 적어보라고 했다. '왜 검은색일까?', '무슨 재료로 어떻게 만들었지?', '연탄은 왜 연근처럼 생겼지?', '연탄이 보일러보다 따뜻할까?', '왜 보일러를 안 쓰고 불편하게 연탄을 쓰지?', 『검정 고무신』 만화에서 어머니가 매일 밤 연탄을 가는 것을 봤다.' 단순한 궁금증부터 자신의 경험과 연관시킨 질문까지 다양하게 쏟아냈다.

질문을 토대로 궁금한 점을 해결해 갔다.

"연탄은 석탄가루를 버무려 만든 고체 연료란다. 석탄은 탄광에서 캐는데……."

"탄광이 뭐예요?"

"지하에 굴을 파고 광물을 캐는 곳이란다."

"맞아. 영화〈국제시장〉에서 탄광이랑 광부 아저씨들 나오는 것 봤어."

자신들의 경험을 최대한 끌어모아 연탄에 대해 생각하는 아이들에게 관련 자료를 읽어주었다. 연탄은 1950년대 이후 가정 난방용으로 널리 사용되었는데 보일러가 들어오면서 수요가 급격하게 줄었다. 하지만 2014년 통계에 따르면 전국 16만이 넘는 가구가 여전히 연탄을 때고 있고, 매년 가격이 올라 연탄을 충분히 구입하지 못한다는 내용이었다. 단칸방에서 추위에 떠는 어르신들이 많다는 사실에 마음이 불편해졌다.

연탄을 많이 사용하던 시절의 삶을 들여다보기 위해 임정진의『연탄집』을 읽어주었다. 탄광에서 사고를 당해 더 이상 광부로 일할 수 없게 된 영순이네 아버지는 서울 달동네로 이사 와서 연탄을 파는 장사를 시작한다. 아이들은 연탄집게로 연탄을 가는 모습과 집을 따뜻하게 데우는 연통 난로를 보며 마냥 신기해했다. 넉넉하지 못한 삶에도 이웃과 정을 나누며 추위를 이겨내는 모습은 아이들 마음에 구석구석 온기가 스며들게 하였다.

연탄을 배경으로 한 시집인『119 소방관 아저씨의 연탄꽃이 활짝 피었습니다』도 함께 읽었다. 119 화재 진압대원인 박래균 작가는 연탄 관련 시를 짓고 그림을 그리는 시인이자 화가다. 부상당한 소방관을 돕기 위한 그림 전시회도 열고 있다.

'아궁이 속에 집을 짓고 사는 연탄 꽃은 온기를 뿜어주는 꽃이에요.'

'소방관은 다 탈 줄 알면서도 기꺼이 아궁이 속으로 들어가는 연탄처럼, 불 속에 갇힌 사람들을 구하러 불 속으로 들어가요. 남을 위해 나

를 희생하며 살아가는 연탄과 소방관은 참 많이 닮았어요.'

삶과 맞닿아 있는 시를 읽어가며 목숨을 걸고 다른 사람을 지켜내려 애쓰는 소방대원분들에게 진심으로 감사함을 느끼는 시간을 가졌다.

사람의 온기를 닮은
3.65kg 연탄을 나르는 곳, 연탄은행

"연탄은행은 연탄을 저축하고 빌려주는 곳인가요?"

재미난 발상에 피식 웃음이 났다. 연탄은행은 후원금을 받아 연탄을 마련하고 필요한 곳에 연탄을 지원하는 비영리 단체다. 책과 홈페이지를 통해 연탄은행에 대해 좀 더 자세히 알아보았다.

허기복·이준우의 『밥과 연탄, 대한민국을 품다!』를 읽어주며 연탄은행의 역사를 살폈다. 1997년 IMF 이후 거리로 쏟아져 나온 실직자와 노숙인을 돕기 위해 원주에서 밥상 공동체가 시작되었다. 어려운 이웃이 따뜻한 겨울을 날 수 있도록 연탄은행을 설립한 것이다.

연탄은행 홈페이지를 통해 단체에서 하는 일도 살펴보았다. 전국 국내 30여 개가 넘는 지역뿐 아니라 북한, 중앙아시아 최빈국인 키르기스스탄, 카자흐스탄에도 연탄을 지원하고 있었다. 연탄 나눔에 대한 관심이 높아지면서 자신들도 곧 후원자와 자원봉사자가 되어 다른 사람을 도울 수 있다는 꿈에 부풀었다.

나눔 장터로
연탄 후원금을 마련하다

연탄 나르기를 진행하며 가장 큰 고민은 바로 '돈'이었다. 연탄을 나르기만 하는 것이 아니라 우리가 나를 연탄도 함께 후원하려고 하니 마련해야 하는 액수가 매우 컸던 것이다.

"28만 원이 필요하다고요?"

입이 딱 벌어지며 정적이 흘렀다. 연탄 400장. 연탄은행 담당자분이 초등학생 한 반이면 이 정도 나르는 것이 적당할 거라고 추천한 양이었다. 2015년에는 한 장에 500원이던 연탄 가격은 계속 올라 그 사이 700원이 되어(2017년 기준, 2018년~2020년 800원) 마련해야 할 금액도 늘어났다.

매일 진행하는 쩨다카로 모은 돈은 턱없이 부족했다. 연탄 나르기를 못 하게 될 거라는 생각에 초조해진 아이들은 긴급 안을 내놓았다. 연탄 후원금 마련을 위한 나눔 장터를 열자는 것이다. 다수의 찬성표를 얻어 금세 나눔 장터가 열렸다.

집에서 잠자고 있던 장난감, 책, 문구가 쌓이기 시작했다. 아빠가 뽑은 뽑기 인형을 30개 넘게 가져온 아이도 있었다. 받아도 되는지 난감해하자 인형을 날라주러 오신 아버님이 집에 이만큼은 더 있다며 좋은 일에 동참하게 되어 기쁘다는 말씀을 남기고 가셨다. 며칠 동안 물건이 풍성하게 모였다.

물건 가격은 100원에서 1,000원 사이로 가져온 사람이 자유롭게 정

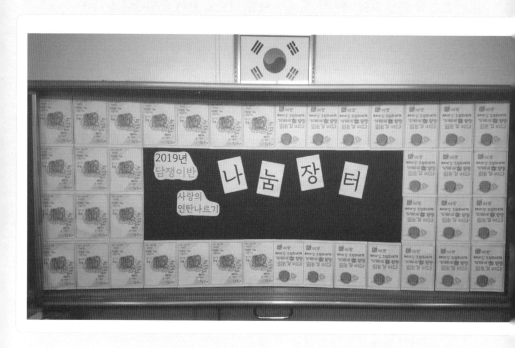

했고, 연탄기금 마련 장터인 만큼 물건 값은 물건 주인에게 주는 것이 아니라 가운데 마련된 후원금 바구니에 넣기로 했다. 물건은 한 번에 1,000원까지만 구입하도록 했다. 돈을 많이 가져오거나 행동이 잽싼 아이들이 좋은 물건을 독점하는 것을 막기 위해서였다. 모든 아이들이 물건을 구입하고 나면 다시 1,000원 이하의 물건을 살 수 있는 기회가 주어졌다. 한 시간 동안 여러 차례 시장이 열리고 남은 물건은 세일까지 해서 모두 팔렸다.

이제 얼마가 모였는지 확인할 시간이었다. 투명성 확보를 위해 바로 그 자리에서 모든 아이들이 참여해 돈을 셌다. 돈을 한 움큼씩 모둠별로 나눠주고 두 번씩 정확하게 센 금액을 칠판에 적고 합계를 냈다. 총액이 늘어나는 것을 볼 때마다 환호성을 질렀고 꽤 많은 금액이 모인 것을 보고 뛸 듯이 기뻐했다.

아이들은 후원금뿐 아니라 스스로에 대한 자부심과 성취감도 얻었다.

'안 팔릴 것 같았는데 친구들이 관심을 보이며 빨리 사가서 기분이 좋았다.'

'스스로 계획을 세워서 장터를 연 것이 자랑스럽다.'

'포켓몬 인형을 사서 동생에게 주었는데 생각보다 좋아해서 뿌듯했다.'

'내 돈이 쓸모 있는 돈이 되어 기쁘다. 후원금 바구니에 돈이 쌓일수록 흥분되었다.'

아이들이 제안하고 계획하고 진행한 만큼 더 뜻깊은 활동이었다.

뜻이 있는 곳에 지원금이 있었다!
후원금 끌어당김의 법칙

연탄 나르기를 애타게 바라던 아이들의 간절함이 닿았기 때문이었을까. 연탄은행에서 아이들이 나를 연탄을 후원해 주신 적도 있었고, 그 밖에도 해마다 뜻하지 않게 후원금이 생기는 감사한 일들이 생겼다.

3P자기경영대상 페스티벌 상금

대한민국 자기경영대상 페스티벌은 3P자기경영연구소에서 주최하는 행사로 3P 바인더를 통해 성장한 사람들이 모여 선한 영향력을 나누는 자리였다. 아이들과 함께 참여했는데 교사와 아이들이 함께 성장한 열매를 인정받아 단체상과 교사 개인상을 받았다. 감사하게도 상금까지 생겼다. 아이들에게 상금으로 뭐 하고 싶냐고 했더니 맛있는 것도 먹고 싶지만 연탄 나르기에 보태고 싶다고 했다.

나도 가만히 있을 수 없어 내가 받은 상금도 후원하는 데 평평 썼다. 우리 반 이름으로 해외 식수 사업 지원, 소아마비 백신 지원, 필리핀 밥퍼 후원, 염소 보내기 등에 후원금을 보내며 돈 쓰는 행복을 제대로 느낄 수 있었다.

6학년 선배가 일 년 동안 모은 돈

"선생님, 올해도 연탄 나르기 할 거죠?"

작년에 연탄을 날랐던 제자가 와서 이렇게 물을 때만 해도 후배에 대한 관심이겠거니 했다. 그런데 며칠 후에 다시 찾아와 일 년 동안 모은 돈이라며 불쑥 저금통을 내밀었다. 작년에 연탄 나르기 모금액이 충분치 않아서 전전긍긍하던 기억을 떠올리고 후배들을 도와주고 싶었단다.

뜻밖의 선물을 안겨준 데 대한 고마움과 자발적 나눔을 실천한 데 대한 놀라움으로 콧잔등이 시큰해졌다. 아이들은 지원금을 받았다는 사실보다 자신들에게 이렇게 자랑스러운 선배가 있다는 사실에 더 행복해했다. 선배가 기부한 저금통은 오래도록 아이들의 관심사가 되었다.

오랫동안 찾아가지 않은 잃어버린 돈

어느 날 교장 선생님께서 올해도 연탄 나르기를 할 건지 물으셨다. 그렇다고 답했더니 교무실에 모아둔 '잃어버린 돈'을 연탄 나르기에 보태면 어떨지 의견을 물으셨다. 아이들은 학교에 떨어진 동전이나 1,000원짜리 지폐를 주우면 교무실로 들고 오곤 했는데 찾아가지 않은 돈이 오랫동안 저금통에 쌓이고 있었다. 교장 선생님께서는 처치 곤란인 돈을 어떻게 처리할지 고심하다가 '연탄 나르기'를 떠올린 것이다.

냉큼 그 돈을 받겠다고 했다. 행정 절차를 거쳐야 했지만 후원금이 생기는데 그런 수고로움은 문제도 되지 않았다. 일 년 넘게 돈이 모인 저금통은 꽤나 묵직했다. 덕분에 그해는 돈에 쪼들리지 않고 연탄을 즐겁게 나를 수 있었다.

선생님들의 후원금

아이들이 직접 모금 활동을 해보고 싶다는 의사를 보였다. 직접 모금해 보는 경험을 해보는 것도 좋을 것 같아 교사 독서동아리를 함께 하는 선생님들께 부탁을 드렸더니 흔쾌히 응해주셨다. 대신 금액에 부담을 드리지 않기 위해 선생님 한 분당 5,000원 이하로 상한선을 그었다.

모둠별로 후원해 주시는 선생님을 나눠서 맡았다. 모금 전날 모둠별로 선생님을 찾아뵙고 후원금을 넣을 빈 봉투를 미리 전해드리며 연탄 나르기의 목적과 취지를 설명드렸다. 후원금을 넣을 상자를 만들고, 후원에 참여해 주시는 선생님께 감사의 마음을 전하기 위해 감사 엽서도 썼다.

다음 날 모금을 위해 다시 찾아뵈었을 때 선생님들께서는 아이들을 따뜻하게 맞아주시고 격려의 말씀을 해주셨다. 덕분에 아이들의 사기가 한껏 올라갔다. 선생님의 후원금 덕분에 수월하게 연탄을 마련할 수 있었음은 두말할 필요도 없다.

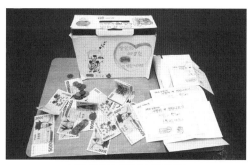

선생님들이 넣어주신 후원금과
후원해 주신 선생님들께 드린 감사 엽서

자원봉사자
마음 다지기

돈은 마련되었고, 이제는 자원봉사자로서의 마음을 다질 차례였다. 봉사자로서의 마음을 갖기 위한 첫 단계로 구체적인 봉사 목표를 세웠다.

첫째, 어르신들이 건강하고 따뜻하게 겨울을 보내시도록 연탄을 400장 나른다. 따뜻한 겨울을 보낼 어르신들을 생각하며 힘들더라도 절대 포기하지 않기로 했다. 둘째, 밝은 미소와 긍정적인 모습으로 어르신들에게 희망을 전한다. 빛나는 미소와 통통 튀는 긍정에너지로 외롭거나 지친 어르신들에게 힘이 되어드리기로 했다. 셋째, 이웃 어르신과 담쟁이반 모두 잊지 못할 추억을 만든다. 모든 순간에 최선을 다하면서 특별한 기억을 만들어보기로 했다.

이어서 자원봉사자로서 지켜야 할 약속을 정했다. 여러 가지 의견이 나왔지만 네 가지만큼은 꼭 지키기로 했다. 첫째, 협업하기. 여러 명이 일렬로 서서 연탄을 건네주는 방식이라 속도를 맞춰야 잘 나를 수 있었다. 둘째, 소곤소곤 이야기하기. 에너지가 넘치는 아이들이라 여러 명이 모여 있으면 와자지껄 떠들기 마련인데, 동네 분들에게 피해가 가지 않도록 큰 소리를 내지 않기로 했다. 셋째, 장난치지 않기. 특히 연탄재를 묻히는 장난을 하지 않기로 했다. 장난으로 얼굴에 연탄재를 묻히다가 싸움으로 번지는 경우도 있었고, 친구가 흩날린 연탄재가 눈에 들어가 눈이 빠지도록 눈물을 흘려야 하는 경우도 있었다. 넷째, 흔

적 남기지 않기. 재가 묻은 장갑으로 담벼락에 손자국을 내거나 연탄재
를 길바닥에 많이 흘려서 폐를 끼치지 않기로 약속했다.

연탄 나르기 봉사 활동
5년째 연탄 릴레이를 이어가다

드디어 연탄을 나르는 날. 연탄을 실은 트럭이 운동장에 도착하자
아이들이 우르르 몰려갔다. 자원봉사할 때 주의해야 할 점을 다시 한
번 들으면서 빨리 나르고 싶은 마음에 동동거리는 모습이 귀여웠다.
연탄재가 옷에 묻는 것을 방지하기 위해 토시와 장갑을 끼고 서로 앞
치마를 입혀주었다.

가정집에 도착해서는 연탄 트럭에서 집 안쪽까지 지그재그로 마주
보고 서서 인간띠를 만들었다. 치열한 경쟁을 뚫고 트럭 위에서 연탄
내리는 일을 할 아이들이 결정되었다. 트럭에서 건네주는 연탄을 손에
서 손으로 전달하여 집 안쪽 담에 차분하게 쌓아 올렸다. 아이들은 밭
은 숨을 고르면서도 행여나 자기 때문에 행렬이 끊기지는 않을지 신경
을 썼다.

"우아! 연탄 기차다."

시작할 때는 아이들끼리 간격도 잘 안 맞고, 혼자만 신나서 건네주
는 아이 때문에 속도 조절이 잘 안 되었는데, 점차 파도를 타듯 리듬감
있게 연탄이 전달되었다.

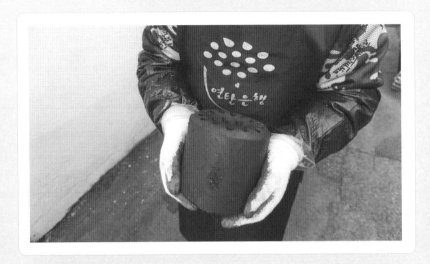

"얘들아, 연탄 떨어뜨리면 우리가 모은 돈에서 700원 마이너스 되는 거야."

자기들끼리 이런 말을 하며 어렵게 모은 후원금으로 마련한 연탄이 하나라도 깨질까 봐 조심했다. 바닥에 떨어지려는 연탄을 민첩하게 잡아낸 아이는 박수를 받기도 했다.

조용히 하자는 약속에도 불구하고 즐겁게 재잘거리는 소리마저 막을 수는 없었다. 동네분들 눈치를 살피며 조용히 시키느라 애가 타기는 했지만 웃는 모습이 너무 보기 좋아서 나도 모르게 따라 웃을 때가 많았다.

"제 얼굴에 묻히는 것은 되죠?"

선생님 허락이 떨어지자마자 누가 더 까맣게 칠하나 경쟁이 붙더니 결국 여기저기서 폭소가 터져 나왔다.

아이들이 예쁘고 고맙다며 요구르트를 주신 분, 귤을 건넨 분도 있었다. 이걸 받으면 봉사할 때 대가를 기대하게 만드는 것이 아닌지 살짝 걱정이 되기도 했지만 어르신들의 진심이 담긴 선물을 귀하게 여기는 아이들을 보고 그런 걱정은 접을 수 있었다.

어르신들과 따뜻하게 교감하며 쌓아올린 기쁨과 만족감은 오래도록 아이들 마음에 머무르며 아이들을 서서히 변화시켰다.

아이들 소감

· 연탄 400장. 우리 반 역사를 다시 쓰다.

· 손목은 욱신욱신, 얼굴은 꾀죄죄, 기분은 날아갈 듯.

- 온몸이 자부심으로 뒤덮였다. 나 좀 멋진 듯.
- 이 세상이 가난에서 탈출하게 만드는 조그마한 씨앗이 될 거다.
- '사랑의 연탄 기증서'를 받았을 때 내 핸드폰에 빨리 저장해서 카카오톡 프로필로 하고 싶었다.
- 연탄을 나를 집에 갔을 때 집이 되게 낡고 거의 다 부서져 있어 울컥했다.

연탄 나르기 후에 아이들은 자신이 사는 곳을 둘러보기 시작했다.
"시장에서 장사하시는 할머니도 연탄을 때실까요?"
같은 장소를 바라보는 눈이 이전과는 달라져서 무심히 지나쳤던 모습이 눈에 들어오기 시작한 것이다. 이러한 관심이 나눔으로 이어지고 나눔을 통해 사람이 얼마나 존귀한 존재인지 깨닫게 될 것이다.

연탄 나르기 포스터(학생 작품)

2020년은 코로나19의 영향으로 연탄은행 후원자와 봉사자가 반 이상 줄었다고 한다. 연탄은행은 홈페이지를 통해 사람들의 도움을 애타게 기다리고 있었다. 학교도 코로나19로 단체 활동에 제약이 있어 매년 반 전체 아이들과 진행하던 연탄 나르기를 하지 못했다. 대신 어르신들이 겨울을 조금이라도 더 따뜻하게 나시도록 간절한 마음으로 후원금을 모아서 전달했다.

삶이란
나 아닌 그 누구에게
기꺼이 연탄 한 장 되는 것

안도현 시인의 〈연탄 한 장〉의 구절처럼 좀 더 많은 사람들이 연탄이 필요한 이웃에게 달려가 손을 내어주었으면 좋겠다.

◀ 나눔 더하기 ▶

'연탄 가족을 위한 2평의 기적 만들기'에 동참하다

연탄 나르기에 관심을 갖고 후원금을 지원해 주신 분들 덕분에 연탄 후원을 위해 모은 돈이 약간 남은 적이 있다. 어디에 쓸지 고민하던 중 밥상공동체 연탄은행에서 진행하고 있는 '연탄 가족을 위한 2평의 기적 만들기' 캠페인에 후원하기로 했다.

'고립은 사회적 살인입니다.'

홀로 지내는 어르신들을 위한 노인복지관 터를 마련하기 위한 캠페인이었다. 0.01평당 13,000원을 후원한다는 발상도 신선했다. 위로가 되고 삶의 활력이 되는 만남의 장소가 생기는 것이었다. 무료급식, 사랑방, 상담 프로그램, 한글교실 등 다양한 복지서비스를 제공하는 행복 공간이 어서 빨리 여기저기 만들어졌으면 좋겠다.

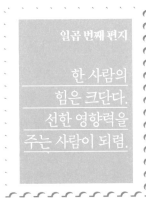
김만덕 기념관에 '김만덕 사랑의 쌀 기부금'을 전하다

"100억!"

자신의 『논어』에 이만큼의 가격을 매기던 한 친구의 자신감 넘치던 대답이 기억나니? 일 년 동안 매일 함께 읽어온 『논어』를 끝내던 날이었어. 깨달은 점과 적용할 점이 빼곡하게 적힌 '나의 『논어』 책'의 가치를 따져서 가격을 매겨보라고 했더니 놀라울 만한 가격을 붙였지.

다른 친구들의 어이없어하는 표정에도 아랑곳하지 않고 의기양양하게 100억이 어떻게 나왔는지 자신의 계산법을 소개했어. 너희들과 나눔 활동을 시작하며 보여주었던 영화 〈아름다운 세상을 위하여〉에 나왔던 그래프를 응용하면서 말이야.

'세상을 바꿀 아이디어를 내고 실천에 옮겨라.'

열한 살의 트래버가 학교에서 내준 과제를 발표할 때 자신의 계획을 설명하며 그렸던 그 그래프 말이야. 트래버는 한 사람이 세 사람을 돕고,

세 사람이 또 다른 세 사람을 돕다 보면 돕는 사람이 기하급수적으로 늘어나 결국 세상이 변할 거라고 했지.

『논어』의 100억은 같은 원리를 적용해서 계산한 결과였어. 『논어』에서 배운 가르침을 세 명에게 실천하고, 그 세 사람은 또 다른 세 사람에게 실천하다 보면 셀 수 없이 많은 사람의 삶이 변화되겠지. 한 사람의 인생이 바뀌는 것만 해도 돈으로 환산할 수 없을 정도로 어마어마한 일인데 수많은 사람에게 『논어』가 끼치는 영향력을 계산하면 100억을 뛰어넘고도 남을 거야. 친구 말에 공감하여 고개를 끄덕이는 너희들의 눈빛에서 "저희는 어려서 할 수 있는 게 없어요"라고 했던 무기력한 모습은 더 이상 찾아볼 수 없었단다.

커다란 문제 앞에서 한 사람의 힘은 한없이 보잘것없게 느껴질 때가 있어. 아무리 노력해도 바뀌는 게 없으면 허탈하기 그지없지. 하지만 눈앞의 문제를 해결하기 위해 애쓴 '한 사람'도 많단다. 그중 한 명이 김만덕 할머니야. 조선 정조 때 제주도를 덮친 흉작과 태풍으로 인해 제주도민의 3분의 1이 목숨을 잃은 적이 있어. 대부분 굶주림으로 죽음을 맞이한 사람들이었지. 그때 김만덕은 자신의 재산 대부분을 쏟아 육지에서 쌀을 사와 제주 사람들의 목숨을 살렸어.

선생님은 김만덕에 대해 자세히 몰랐는데 제주도에서 우연히 발견한 김만덕 기념관을 둘러보며 얼마나 대단한 분인지 알게 되었단다. 김만덕 할머니는 모르셨을 거야. 많은 제주도 백성들이 죽는 것을 안타까워하며 사람을 구했을 뿐 그 나눔 정신이 이어져 자신의 이름을 딴 세계 최초 나눔 문화 기념관이 세워질 것이라는 것을 말이야. 기념관에서 매년 가을 김만덕 주간에 나눔 행사도 열리고, 사랑의 쌀로 어려운 사람들을 돕는 일을 꾸준히 하고 있다는 것을 알면 무척 기뻐하시겠지?

김만덕 기념관을 다녀오고 나서 들뜬 마음으로 김만덕 관련 책을 교실에 사다 날랐지. 김인숙의『제주의 빛 김만덕』, 민병덕의『거상 김만덕』, 이경화의『구원의 여인 김만덕』, 정하섭의『손 큰 통 큰 김만덕』을 함께 읽으면서 너희들도 김만덕 할머니의 인간적인 매력에 푹 빠져버렸어.

김만덕 할머니의 팬이 된 너희들도 나눔에 참여하고 싶다고 졸라서 며칠 동안 모금한 돈을 김만덕 기념관에 기부했잖니? 너희처럼 할머니의 통 큰 선행에 감동받아 마음이 움직인 사람들이 앞으로도 계속 생겨나겠지? 너희들도 이렇게 선한 영향력을 퍼뜨리는 사람이 될 수 있단다.

김만덕 할머니는 거상이라 돈이 많았기 때문에 그렇게 대단한 일을 할 수 있었던 거라고? 그럼 너희들 이야기를 해볼까? 요즘에 글씨를 잘 쓰는 친구들을 찾아보기 힘든데 글씨를 또박또박 쓰는 친구가 있었어. 알고 보니 짝의 글씨체가 부러워 일 년 동안 연습해서 고친 것이라고 하더구나.

교실 바닥에 앉아서 진행하는 수업을 위해 책상과 의자를 가장자리로 밀었을 때였지. 여기저기 굴러다니는 쓰레기를 보고 말없이 빗자루를 들고 나와 교실을 청소하는 친구들이 있었어. 그 모습을 보고 몇 명이 따라 빗자루를 들었지.

친구가 보건 선생님께 감사하다며 직접 편지 써서 드리러 가는 모습을 보더니, 자기도 하고 싶다며 작은 간식까지 준비해 와서 편지와 함께 전달한 적도 있었잖니.

선생님도 너희들에게 많은 것을 배우고 있단다. 긍정적인 에너지가 넘쳐 다른 사람에게 따뜻함을 선물하는 친구, 선생님이라면 절대 양보하지 않을 물건을 선뜻 내어주는 친구, 어려운 친구를 위해 말없이 나서는 친구를 보면서 말이야.

무엇보다 나눔에 큰 관심이 없던 너희들이 용돈을 쪼개서 쩨다카를 실천하는 친구들을 보며 서로 닮아가지 않았니? 이렇게 우리는 알게 모르게 끊임없이 영향을 주고받는단다.

'은광연세(恩光衍世).'

은혜의 빛이 온 세상에 퍼진다는 뜻으로 추사 김정희가 김만덕의 후손에게 써준 내용이란다. 선한 영향력을 온 세계에 퍼뜨리는 너희들 모습은 상상만으로도 가슴이 뛴단다. 유대인들이 '티쿤올람'을 가슴에 품고 더 나은 세상을 만들기 위해 애쓴다는 것을 여러 번 이야기했지? 너희들은 충분히 영향력 있는 존재란다. 이미 선생님 인생을 바꿔놓았거든. 다른 사람과 함께 성장하고, 더 많은 사람들에게 희망을 주는 존재로 자라는 모습이 눈에 선하구나.

밥퍼 봉사

밥 한 그릇에 사랑을 담다

다일공동체
- 밥퍼나눔운동본부 무상급식 후원
- 크리스마스 도시락 나눔 후원

급식 시간마다 미묘한 신경전이 벌어지고는 한다. 먹고 싶은 만큼 먹으라고 하면 나물이니 채소류는 손도 안 대고 버리는 경우가 많다. 최소한 하나씩은 먹자고 약속을 정했더니 가장 크기가 작은 김치, 가느다란 시큼치 한 가닥을 먹고 다 먹었다고 우긴다. 억지로 먹일 수는 없지만 몸에 좋은 것은 하나라도 더 먹이려는 선생님과 상황을 어떻든 피해보려는 아이들 사이에서 갈등이 생긴다.

반면 인기 있는 음식이 나오면 자율 배식대가 인산인해를 이룬다. 다른 친구가 먼저 가져갈까 봐 받은 음식을 다 먹기도 전에 자율 배식대로 달려간다. 돈가스며 컵케이크를 식판에 수북하게 쌓는 것도 모자라 입에 물고 오기까지 한다.

풍족한 환경에서 자라 음식을 소중하게 여기는 마음도, 먹거리를 생산하는 분들에 대한 감사함도 찾아보기 힘들다. 이러한 풍요로움은 오히려 독이 되어 절제심이 없는 아이들을 만들었다. 약간의 배고픔도 견디지 못하고 원하는 것은 양껏 누리려고 한다.

심정섭은 『질문이 있는 식탁 유대인 교육의 비밀』에서 유대인은 인내심과 절제심을 기르는 고난 교육을 매우 중요하게 여긴다고 했다. 그중 하나가 유대인으로서 가장 힘들고 수치스러운 역사를 기억하며 감사를 찾도록 하는 것이다.

모세가 노예로 살던 이스라엘 민족을 이끌고 이집트를 탈출한 날을 기념하는 유월절에는 조상들이 탈출할 때 먹었던 무교병(누룩이 들어가지 않은 빵)을 일주일 내내 먹는다. 쓴 나물을 씹어가며 고난을 기억하고 되새기도록 노력한다. 또한 어릴 때부터 어려운 사람들의 삶을 살피며 자신들이 누리는 것들에 감사하는 마음을 갖도록 한다.

아이들이 편안한 생활에서 잠시나마 벗어나 자신들이 누리는 것이 당연한 것이 아니라는 것을 깨닫는 시간을 갖게 해주고 싶었다. 이런 바람이 밥퍼 봉사로 이어지게 되었다.

밥퍼 봉사의 기회를 얻다

초등학생을 받아주는 곳이 거의 없어 애를 태우다가 드디어 아이들과 함께 봉사 활동을 할 수 있는 곳을 찾았다. 다일공동체 밥퍼다. 다일 공동체는 1988년 청량리역에서 밥 굶는 이웃들에게 라면을 끓여주는 것으로 시작해 우리나라, 네팔, 캄보디아, 필리핀에도 센터를 세워 무료급식을 제공하는 NGO다.

개인적으로는 네팔 카트만두에서 봉사 활동을 하면서 밥퍼와 첫 인연을 맺었다. 크리스마스 날 청량리 밥퍼 봉사 활동에 참여했다가 단체로 봉사하러 온 중고등학생들을 보았다. 혹시나 하는 마음에 초등학생도 밥퍼 봉사가 가능한지 문의했더니 주의사항만 잘 지킨다면 괜찮다는 기쁜 답변을 들었다.

밥퍼 나눔 장터로
넘치는 마음을 모아 후원하다

밥퍼에 대한 생각이 가득해지면서 어르신들 급식을 지원하는 데 조금이라도 보탬이 되고 싶다는 의견이 나왔다. 쩨다카를 진행하는 동시에 나눔 장터도 열어 꽤 많은 돈을 모아 후원할 수 있었다.

"후원금아, 밥퍼에 먼저 가서 기다리고 있어. 우리도 곧 갈게."

철저한 준비를 통해
자원봉사자로 거듭나다

어렵게 얻은 기회인 만큼 제대로 준비하고 싶었다. 곽영미의 『나눔으로 세상을 바꿀 수 있어요』에 나온 밥퍼 이야기와 다일공동체에 홈페이지에 소개된 내용을 살펴보며 밥퍼에 대해 하나씩 알아갔다.

봉사자로서의 마음을 다잡기 위해서도 노력했다. 김하늘의 『세상에서 가장 쉬운 일, 자원봉사』에 나온 봉사 활동 사례들을 읽어가며 봉사자들이 부딪히는 어려움이나 흔히 저지르는 실수를 간접 경험해 보았다. 비록 봉사 활동 경험은 부족해도 아이들은 자신들의 생각을 모아 자원봉사자가 지켜야 할 일 목록을 만들었다.

〈자원봉사자가 지켜야 할 일〉

1. 항상 웃는 얼굴과 존중하는 마음으로 다른 사람 대하기

2. 단정하고 깨끗한 옷차림하기

3. 주어진 역할에 최선을 다하기

4. 나부터 힘든 일을 나서서 하기

5. 우리끼리 떠들거나 소리 지르지 않기

6. 다른 친구에게 봉사 강요하지 않기

7. 내 일이 끝나면 잽싸게 다른 친구 돕기

8. 내 마음대로 판단하지 말고 모르는 것은 반드시 물어보기

9. 시간을 잘 지키고, 체력을 잘 나눠 쓰기

10. 봉사에 대해 칭찬, 대가를 바라지 않기

아이들도 스스로가 못 미더웠는지 머릿속으로 봉사 장면을 상상하며 시끌벅적하게 의견을 조율하는 모습을 보니 웃음이 절로 났다. 실수하지 않기 위해 조심하고, 행여나 실수를 저질렀을 때는 이렇게 해결하겠다고 단단히 마음먹는 모습을 보니 믿음이 절로 생겨났다. 나도 질세라 적극적인 지원 공세를 했다. 사전답사를 갔을 때 찍은 다른 봉사자들의 사진을 보여주며 해야 할 일을 순서대로 정리해 주었다. 순서를 익힌 후에는 쉬는 시간에 자기들끼리 모여 음식을 만들 때 주의사항, 배식하는 방법 등을 공유했다.

안전이 우선!

아이들과 현장 체험학습을 갈 때면 언제나 긴장된다. 다 잘해도 사고가 발생하면 안 하느니만 못한 활동이 되어버리기 때문이다. 특히나 돌이키기 어려운 사고인 경우 아이들, 선생님, 부모님들에게 깊은 상처를 남긴다. 학교를 나서는 순간 수많은 위험이 도사리고 있고, 단체로 움직일 때는 안전사고의 위험이 몇 배로 커질 수밖에 없다. 하지만 위험하다는 이유로 학교 안에서 벌벌 떨고 있을 수만은 없다. 직접 경험해야만 느낄 수 있고 깨달을 수 있는 것이라면 과감하게 도전해야 한다.

걱정이 컸던 만큼 안전교육에 심혈을 기울였다. 사전답사 때 청량리역 지하철 플랫폼에서 시작해 밥퍼까지 가는 길을 동영상으로 촬영했다. 영상을 보여주면서 도보 이동 시 주의사항을 실감 나게 전달했다.

밥퍼에서 아이들이 해야 할 일을 설명할 때 발생할 수 있는 안전사고
와 예방법에 대해서도 철저히 교육했다.

밥퍼 봉사 미리 경험하기

봉사 전날이 마침 학부모 공개수업이어서 수업을 통해 부모님들과의
공감대를 형성하기로 했다. 우선 밥퍼란 어떤 곳인지, 지금까지 어떻게
준비해 왔는지 설명드렸다. 봉사 활동 순서별로 '지켜야 할 일 목록'을
작성하는 아이들을 보면서 부모님들은 봉사 활동을 간접 경험했다.

순서	지켜야 할 일
집합 및 이동	깨끗하고 단정한 옷 입고 오기 집합시간 잘 지키기 이동 중 도로에서 장난치지 않기 지하철 안에서 - 떠들지 않기 - 어르신께 자리 양보하기 - 자리를 차지하기 위해 싸우지 않기
오리엔테이션 및 역할 배정	집중해서 설명 듣기 주어진 역할에 불만 갖지 않고 책임감 있게 해내기
배식 준비 및 배식	손을 깨끗하게 씻고, 손으로 음식을 만지지 않기 배고프다고 음식 집어 먹지 않기 침 튀기며 말하기 않기 요령을 피우거나 떠넘기지 않고 끝까지 최선을 다하기 모르는 것은 솔직하게 물어보기 다른 친구에게 활동 강요하지 않기
뒷정리	청소도구로 장난치지 않기 내 일이 끝나면 다른 사람 돕기

Card [2]

[모둠 프로그램 너와 함] <주제 3. 나눔>
담쟁이들의 첫 봉사활동_밥퍼 봉사 11탄
<담쟁이 자원봉사자가 지켜야 할 일>

[2] [준비_밥퍼 2층 사무실]
_가방정리, 설명듣기, 역할배정

★모둠끼리 의논하여 의견쓰기 → 모둠별로 돌아가며 의견 추가하기

NO	자원봉사자가 지켜야 할 일
1	설명을 들을때 제대로 집중해서 듣기 (잡담)
2	가방같은걸 조심히 넣기 (돈, 열쇠)
3	역할 배정할때 나서지않기
4	가방정리 할때 풀다고 "야 너비켜" 하고 안하기
5	설명들으며 다른사람이 이야기 하지 않기 (중요 정보전달 되어있다)
6	역할 배정할 때 마음에 안든다고 짜증내기 않기 (이거하기싫다고 하지않기)
7	내가 이게 싫어 조절하는거라고 짜증내지 않기
8	화장실 쓸때 물 잠궈놓고 휴지 처리하기
9	계단 올라갈때 넘어지지 않게 조심하기
10	역할배정 할때 자기역할 열심히 하기
11	설명들을때 장난치지않기
12	가방을 친구 쪽으로 던지지 않기 (일을에 맞을수)

Card [3]

[모둠 프로그램 너와 함] <주제 3. 나눔>
담쟁이들의 첫 봉사활동_밥퍼 봉사 11탄
<담쟁이 자원봉사자가 지켜야 할 일>

[3] [봉사활동 1_식당, 식당주변] 배식준비
_재료다듬기, 조리 돕기

★모둠끼리 의논하여 의견쓰기 → 모둠별로 돌아가며 의견 추가하기

NO	자원봉사자가 지켜야 할 일
1	손을 깨끗이 씻는다 (위생, 청결)
2	안전하게 조리를 돕는다
3	친구와 장난치지 않는다
4	안전하게 재료를 다듬기
5	귀찮아도 정성껏 최선을 다해 만들기 (다함)
6	뒤 사람, 돕기
7	재료를 친구들과 재료 다듬을 때는 빼먹지 않기
8	비위생적인 것 안하기
9	수저 나눠 드려 나눠주기 (친절 웃음)
10	귀찮다고 불친절하게 (불 청하지말기)
11	다른 사람 먼저 안하기
12	너무 여러 더듬어 냄새나 비위생적으로 다시 주지않게 되기

Card [4]

[모둠 프로그램 너와 함] <주제 3. 나눔>
담쟁이들의 첫 봉사활동_밥퍼 봉사 11탄
<담쟁이 자원봉사자가 지켜야 할 일>

[4] [봉사활동 2_식당, 식당주변] 배식
_숟가락 나눠드리기, 식판전달, 종이물컵 나눠드리기, 식탁닦기

★모둠끼리 의논하여 의견쓰기 → 모둠별로 돌아가며 의견 추가하기

NO	자원봉사자가 지켜야 할 일
1	숟가락으로 장난치지않기
2	종이컵은 차곡차곡 쌓아서 건네주기
3	장난치지않고 배식하기
4	식탁을 깨끗이 닦기
5	식판 한손으로 들지 않기
6	종이물컵 나눠드릴 때 두 손으로 드리기
7	식탁을 닦을때 장난치지 않기!
8	종이 물컵 나눠드리다가 떨어트리지 않기
9	숟가락 다 떨어트리지 않기
10	식탁닦을때 대충닦지 않기
11	웃는 얼굴로 인사하기 (짜증나도 노력하기)
12	기본 예의 지키기

Card [5]

[모둠 프로그램 너와 함] <주제 3. 나눔>
담쟁이들의 첫 봉사활동_밥퍼 봉사 11탄
<담쟁이 자원봉사자가 지켜야 할 일>

[5] [봉사활동 3_식당, 식당주변] 청소 및 뒷정리
_설거지, 바닥쓸기, 식당의자정리, 식당 바닥 닦기, 식탁닦기,
식당 밖 쓸기 등

★모둠끼리 의논하여 의견쓰기 → 모둠별로 돌아가며 의견 추가하기

NO	자원봉사자가 지켜야 할 일
1	의자 옮길때 장난 치지않기
2	설거지 거품놀지 않게(너무 많지 않게)하기
3	식당 바닥 닦을때 물장난 치지 않기
4	식탁 의자 옮길 때 막 들고 장난치지 않기
5	청소 용구로 때리지않기
6	쓰레기를 꼼꼼히 깨끗이 (대충하지 않게) 쓸기
7	식당의자 올릴때 안전을 살피며 올리기 (떨어뜨)
8	비 빗자루 휘두르지않기
9	의자 자유롭게 두지 않기
10	설거지를 할 때 장난 치지 않기
11	바닥 쓸때 빗자루로 장난치지 않기
12	의자 너무 세게 가지 지치 않기

가족의 지지와
공감을 얻다

목록을 작성한 후에는 부모님 앞에서 다짐문을 쓰며 밥퍼 봉사의 마음을 굳건히 했다. 부모님들은 첫 봉사 활동을 떠나는 아이들에게 격려의 메시지를 써주셨다. 예상대로 '부모님과 함께하는 수업'의 효과는 대성공이었다. 지지와 칭찬 속에 아이들의 자부심은 하늘을 찔렀다.

드디어 내일.

혹시라도 변수가 생겨 못 가게 될까 봐 안절부절못했다. 밥퍼 가는 것을 갈망하는 눈빛과 결연한 의지가 담긴 표정은 그 어떤 말보다도 좋은 자원봉사자가 되겠다는 강력한 선언이었다.

부모님의 응원과 격려 쪽지

• 다른 사람을 돕는 뜻깊은 하루가 되길 바란다. 온 세상이 따뜻해지는 날까지 나눔이 계속 되길.

• 벌써 이렇게 커서 봉사도 다니고 정말 대견하네.

• 봉사할 수 있는 것에 감사하기. 어르신들께 예의 바르게 행동하기. 힘들겠지만 파이팅 하렴.

• 처음 하는 봉사 활동 힘들겠지만 마음을 담아서 잘하고 와. 파이팅!

• 누군가에게 도움을 받는 것보다 도움을 주는 것이 훨씬 즐겁고 행복하다는 것을 느끼고 왔으면 좋겠어.

• 남을 돕고 내가 가진 걸 나눠준다는 건 소중하고 힘든 일이란다. 혼자가

아니라 담쟁이반 모두가 힘을 합쳐 밥퍼 자원봉사를 할 때 아름다운 모습을 볼 수 있을 것 같구나.

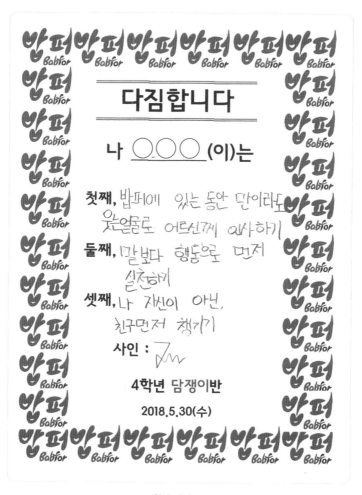

학생 다짐문

가족의 응원 메시지

어르신들과
마음을 나누며 밥을 푸다

"밥 푸러 가~자! 밥 푸러 가~자!"

누가 시킨 것도 아닌데, 구호를 만들어 외치면서 밥퍼에 당당하게 입성했다. 반갑게 맞아주시는 직원분들과 인사를 나누고 간단한 오리엔테이션을 받았다. 밥퍼 글자가 새겨진 주황색 앞치마를 입고, 역할을 배정받았다. 우리가 갔던 날 유난히 어른 봉사자들이 적어 아이들이 해야 할 몫이 더 많아졌다. 이왕 온 김에 제대로 고생하며 더 크게 성장할 수 있겠다 싶었다.

팀별로 마늘 까기, 배추 씻기, 청포묵 썰어 무치기로 역할을 나누었다. 이쪽이든 저쪽이든 만만치 않은 일이었는데도 다들 의욕이 넘쳤다. 한쪽에서는 마늘을 잡아 쪽을 내고 껍질을 벗겨냈다. 매끌매끌한 마늘이 쏘옥 모습을 드러낼 때마다 눈을 동그랗게 뜨고 탄성을 질렀다. 다른 쪽에서는 심혈을 기울여 청포묵을 썬 후 양념을 넣어 무쳤다.

배추를 씻는 아이들은 머리통을 쓱쓱 쓰다듬듯 배추 목욕에 매진했다. 집에서 생전 안 해보던 일을 하면서도 즐겁게 호들갑을 떠는 아이들이 너무 어여뻤다.

"청포묵 무침은 간단해 보였는데 생각보다 시간도 많이 걸리고 할 일이 많네요."

항상 차려진 음식만 먹다가 재료 손질부터 조리까지 직접 해보니 반찬 하나도 뚝딱 만들어지는 것이 아니라는 것을 깨달았다.

배식 때도 역할이 체계적으로 배정되었다. 밥과 국은 위험해서 어른들이 뜨고, 아이들은 반찬 배식을 맡았다. 수저 나눠주는 사람, 잔반 처리 팀, 식판 나르기 팀, 설거지 팀, 테이블 정리 팀으로 나누어 발바닥에 땀이 나도록 동분서주 움직였다. 허리 통증을 호소하며 어리광이 튀어나오려고 하다가도 어르신들이 기특하다며 던지는 칭찬 한마디에 허리가 펴지며 배시시 웃었다.

배식에 뒷정리까지 무사히 마치고 정리하는 시간. 이때 예상치 못한 위기가 잠깐 찾아왔다.

"저 곰돌이 인형도 주시면 안 돼요?"

밥퍼 직원분이 고생했다며 밥퍼가 새겨진 팔목 밴드를 선물로 주셨는데 밥퍼 앞치마를 한 귀여운 곰돌이 인형을 발견한 아이들이 그것도 선물로 달라고 했던 것이다. 원래는 후원금을 내고 구입해야 하는 것인데 말이다. 순간 잔소리가 튀어나올 뻔했지만 대신 질문을 던졌다.

"우리가 밥퍼에 온 목적이 뭐니?"

"후원금으로 구입해야 하는 곰 인형을 왜 그냥 받아도 된다고 생각

했니?"

아이들 눈빛이 바뀌었다. 자신들이 대단한 일을 했으니 곰 인형을 받을 자격이 있다고 생각했던 것이다.

"저는 곰돌이 인형 공짜로는 받기 싫어요. 곰돌이 인형 받으려고 봉사한 거 아니에요."

한 아이가 정곡을 찌르는 말을 하자 곰 인형을 달라고 했던 아이들은 머쓱한 표정을 지었다.

"곰돌이 인형보다 우리가 오늘 했던 봉사의 가치를 지키는 것이 더 중요하다는 것을 깨달은 것 같구나. 봉사는 대가를 바라는 순간 그 빛을 잃어버리기 마련이니까 말이야. 순간의 유혹을 이겨내 주어 고마워."

밥퍼 봉사를 마무리하며

다음 날 봉사 활동을 되돌아보는 시간을 가졌다. 먼저 자신이 했던 역할에 멋진 이름을 붙여보라고 했다.

'반찬 담기의 달인!'

'설거지 어벤저스 팀. 인간 식기세척기가 되다!'

'쓱쓱싹싹 숟가락 닦기는 나에게 맡겨라!'

'이것이 배추 씻기의 정석!'

'물방울 하나도 못 봐주지. 청소의 달인!'

기가 막히게 지어냈다. 스스로도 마음에 들었는지 연신 키득거렸다.

아이들의 소감문에는 밥퍼 봉사가 얼마나 특별한 경험이었는지 드러났다.

아이들 소감

- 마늘을 깔 때 눈도 맵고 코도 맵고 손에는 흙이 묻었지만 매끈한 마늘이 쏙 나올 때 신기했다.
- 파래무침을 만드는 것이 재미있었지만 팔이 빠지는 줄 알았다. 해도 해도 끝이 없어 힘들었다.
- 하루만 해도 이렇게 힘든데 매일 봉사하시는 분은 정말 대단하다.
- '이 정도쯤은 거뜬히 해낼 수 있다'고 생각했는데 설거지할 식판이 줄어들지 않을 때 짜증이 밀려왔다.
- 식판에 밥과 반찬을 담아주시는 급식 조리 종사원분들 심정을 조금 알게 되었다.
- 계속 친절한 모습을 보여야 하는데 얼굴이 떨려 웃기가 힘들었다. 허리는 아프고, 다리는 쥐가 날 것 같고 몇 번이나 그만두고 싶었다.
- 수저를 나눠 드리며 맛있게 드시라고 인사드리는데, 어떤 어르신께서 "맛있게 차려야 맛있게 먹지." 빽 소리를 지르셔서 깜짝 놀랐다. 그래도 다른 분들이 고맙다고 말씀하셔서 마음이 금방 풀렸다.
- 식판 전달할 때 '흘리거나 쏟으면 어떡하지?', '장갑이 미끄러질 것 같은데, 제발 그만 와라 식판!' '집에 가고 싶다'는 생각이 들었지만 다 마치고 나니 뿌듯했다.

대부분 아이들의 서투름을 너그럽게 봐주셨지만 역정 내시는 분도 있었다. 아이들은 상처도 받아보고 불편한 마음도 겪어보면서 선한 마음만으로는 서투름을 덮을 수 없다는 것을 깨달았다. 필요한 역할을 제대로 하지 못했을 때 오히려 상대방에게 피해를 줄 수 있다는 것을 실감한 것이다. 이런 경험을 통해 마음이 좀 더 단단해졌다.

아이들에게 밥퍼 봉사는 준비 과정부터 봉사 활동까지 거듭남의 시간이었다. 순간순간 직면하는 한계를 뛰어넘으면서 인내심이 조금 더 자랐고, 조금 더 견뎌낼 수 있는 힘이 생겼다.

『서천석의 마음 읽는 시간』에는 캘리포니아 주립대 류보머스키 교수가 친절한 행동과 행복감의 관계를 실험한 내용이 나온다. 며칠에 나눠 친절을 실천한 집단보다 하루에 몰아서 친절을 실천한 집단의 행복감이 훨씬 높았다는 것이다. 밥퍼 봉사는 우리 모두에게 강렬하고 특별한 행복을 선물해 주었다. '나도 할 수 있다'는 자신감을 심어주었고, '밥퍼도 다녀왔는데 이 정도는 할 수 있지'라는 도전정신을 갖게 했다.

◀ 나눔 더하기 ▶

밥퍼 봉사 어렵지 않아요

학생들과 단체 봉사를 가기 위해 청량리 밥퍼로 사전 답사를 갔다. 토요일 이른 아침인데도 봉사자들과 아이들이 뛰어노는 소리로 시끌벅적했다. 같은 회사 직원들이 봉사모임을 만들어 일 년에 몇 번씩 정기적으로 온다고 했다. 가족 동반으로 온 분들이 많아 아이들이 제법 많았다. 유치원생과 초등학생도 있었는데 자기 몫을 야무지게 해내고 있었다.

양손에 잔뜩 묻은 양념 때문에 자유롭게 움직이지 못하는 어른들께 필요한 물건을 배달하고, 배식이 시작되자 입구에서 숟가락 젓가락을 나눠 드리며 밝은 목소리로 "맛있게 드세요"라고 인사했다. 어르신이 식사를 마치고 나오면 물컵을 나눠 드리고, 뒷정리할 때는 바닥 청소부터 앞치마 접기까지 한시도 가만있지 않았다.

"아무리 어린아이라도 책임을 주면 듬직하게 일을 해내요."

봉사자들 살피랴 아이들에게 상황에 맞는 역할을 챙기랴 봉사자들보다 더 바쁘게 뛰어다니신 밥퍼 실장님 말씀이다.

초등학생들이 봉사할 수 있는 곳이 많지 않은데, 청량리 밥퍼는 가족 단위로 봉사를 신청할 수 있어 아이들도 봉사를 경험할 수 있다. 사전에 연락해서 봉사가 가능한 날짜를 문의하면 된다. 아이와 함께 봉사를 계획한다면 사전에 밥퍼가 하는 일, 자원봉사자의 마음가짐, 지켜야 할 일을 아이와 미리 이야기를 나누고 가는 것이 좋다. 사전 준비는 밥퍼 봉사를 하루 체험이 아닌 삶의 가치관이 변하는 의미 있는 경험으로 이끌어줄 것이다.

크리스마스 도시락 나눔 후원

2020년에 코로나19로 많은 무료급식소가 문을 닫았다. 밥퍼급식소도 잠시 중단해야 했다. 그나마 하루 한 끼 제대로 된 밥을 먹을 수 있던 곳이 사라져버린 것이다. 밥퍼는 3월부터 급식 대신 도시락을 제공하기 시작했다. 배고픈 어르신들이 빈손으로 돌아가지 않도록 매일 밥과 반찬을 포장하는 자원봉사자들의 손길이 분주하게 움직였다.

밥퍼급식소는 다시 문을 열었지만 여전히 끼니 해결이 어려운 분들이 있다. 이분들에게 겨울은 더욱 외롭고 춥게 느껴질 것이다. 반 아이들이 코로나19 관련 후원에 많은 관심을 보였고, 어르신들에게 도움이 되고 싶어 했다.

밥퍼에서는 매년 크리스마스 날 어르신들에게 생필품과 도시락을 크리스마스 선물로 제공하고 있다. 어르신들이 따뜻한 크리스마스를 보내기를 바라는 마음으로 도시락 나눔을 위해 후원금을 모았다. 아이들의 진심이 닿아 어르신들이 넉넉하고 행복한 크리스마스를 보내시기를 바란다.

· 물 뜨러 가는 길 ·

식수정화제
한 알로 생명을 구하다

유니세프
- 생명을 구하는 선물 _식수정화제 후원

날이 갈수록 아이들의 인내심도 줄어들고 있다는 것을 확연하게 느
낄 때가 있다.

"선생님, 에어컨 틀어주세요."

4월에 에어컨이 웬 말인가. 일주일 전만 해도 으슬거린다며 코를 훌
쩍였으면서 조금 덥다고 바로 에어컨을 틀어달라니. 좀 견뎌보자고 했
더니 신경질적으로 부채를 부쳐댔다. 체육 시간은 또 어떤가. 운동장에
나가서 체육하고 싶어서 미세먼지 없는 날을 손꼽아 기다리다가도 막
상 운동장에 나가면 20분도 못 견디고 그늘에 축 늘어져 있기 일쑤다.

냉난방 시설이 잘되어 있는 건물에서 생활해 온 아이들은 극한 추위나 더위를 견딜 필요가 없는 환경에서 자랐다. 편안한 환경에서 자라온 아이들은 무언가 '견뎌야 하는' 상황에 익숙하지 않은 것이다. 의지력이 약하고 인내심도 별로 없어서 조금만 힘들면 금방 포기해 버리거나 힘들 것 같으면 아예 시작도 안 한다. 원하는 것을 빨리 얻지 못하면 조바심을 내며 신경질을 부릴 때도 있다.

이스라엘로 이주하여 세 자녀를 훌륭하게 키워낸 사라 이마스는『유대인 엄마의 힘』에서 아이를 넘어뜨리는 좌절 교육과 역경 교육의 중요성을 강조한다. 이스라엘 교육자들은 통제력과 인내심이 인생의 성공에 큰 영향을 끼친다고 보기 때문에 역경 지수(Adversity Quotient, AQ)를 중요하게 생각한다. 이 지수는 역경에 굴하지 않고 목표를 성취하는 능력을 나타내는데, 유대인 부모들은 아이를 일부러 힘든 환경 속으로 밀어 넣어 어릴 때부터 어려움을 극복하는 능력을 기르도록 한다.

코이카(KOICA) 행사에서
아이디어를 얻다

햇살을 못 견디고 그늘로 피신한 아이들의 모습을 보고 있자니 아프리카 우간다 글루(Gulu)에서 보았던 제리캔(Jerry Can) 행렬이 떠올랐다. 글루는 우리나라로 치면 경기도 지역쯤인데 마을 곳곳에 수도와 우물이 설치되어 있는 곳이 많지만 여전히 물을 멀리서 길어다 쓰는 가정이 많았다. 제리캔은 원래 석유를 담는 노란 통인데 물을 긷는 통으로 흔하게 사용하고 있다. 아침이면 물을 구하기 위해 어디론가 향하는 노란 통 행렬을 쉽게 볼 수 있었다.

한국에 돌아와서도 강렬한 아침 햇살을 머금은 노란 통 행렬이 쉽게 잊히지 않았다. 그러다가 코이카 지구촌체험관에서 주최하는 '2018 KOICA Walk for Water(물 뜨러 가는 길)' 행사를 알게 되었고, 다른 학교 학생들이 참여하는 모습을 볼 기회를 얻었다. 물 뜨러 가는 길 행사는 초중고 학생들이 3리터의 물을 들고 체험장을 돌아다니며 아프리카 어린이들이 물을 구하는 과정을 간접 경험하는 미션을 수행하는 것이다. 우리 반 아이들과도 물 뜨러 가는 길 프로젝트를 해보고 싶었다. 물 부족으로 고통받는 사람들의 마음을 조금이라도 헤아리고 인내심을 기를 수 있는 좋은 기회가 되리라 생각했다.

책과 영상으로 물 부족으로 고통받는 친구들과 만나다

먼저 물 뜨러 다니는 아이들 상황을 이해하기 위해 책과 영상을 활용했다. 이욱재의 『맑은 하늘, 이제 그만』은 물을 거리낌 없이 사용하는 맑음이 가족과 식수를 얻기 위해 사막을 가로질러 물을 길러 다니는 수단의 아리안 남매의 삶을 대조적으로 그리고 있다. 책을 읽어주면서 함께 생각해 볼 질문을 던졌다.

"아프리카 수단에 사는 여덟 살 아리안은 왜 학교에 가는 대신 가족이 먹을 물을 뜨러 가야 할까?"

"물이 있는 웅덩이가 왜 몇 시간이나 떨어진 곳에 있을까?"

"병에 걸릴 줄 알면서도 더러운 물을 마셔야만 이유가 뭘까?"

"물을 서로 차지하기 위해 싸우는 이곳에서 물의 가치는 얼마나 될까?"

유니세프 이슈 영상 〈에티오피아 아이샤의 하루〉를 보면서는 아이샤의 하루 일과를 정리하며 발자취를 따라갔다. 새벽 여섯 시 반에 걷기 시작해 왕복 여덟 시간을 걸어 물을 떠오면 집안일을 하고 잠이 든다. 아이샤가 뙤약볕 아래서 끊임없이 걷는 모습에 아이들은 고개를 저었다. 특히 아이들은 지구상에 이런 생활을 매일 반복해야만 하는 사람들이 있다는 것과 전 세계 여성과 어린아이가 물 긷는 데 쓰는 시간을 합치면 하루 2억 시간이나 된다는 사실에 경악했다.

아프리카 남매의
물 뜨러 가는 길 따라가기

NGO 호이(HoE)에서 제작한 '물 뜨러 가는 길 키트'를 활용하여 우간다의 물 뜨러 가는 길을 간접 경험해 보았다. 활동 키트는 물 뜨러 가는 길 주변 풍경이 묘사된 B4 사이즈의 그림과 활동 스티커로 구성되어 있다. 그림은 실제 우간다 아이들이 물을 뜨러 가는 길을 되도록 사실적으로 구현해 놓았다. 시장, 학교, 위험한 도로, 쓰레기장, 벌목 현장, 리조트 등 거쳐 가는 장소가 그려진 스티커를 붙여가며 남매가 가는 길을 상상해 보았다.

아이들은 아프리카에는 가난한 사람들만 있다고 생각했다가 자동차들과 리조트가 있다는 사실에 깜짝 놀랐다. 그러나 한편으로는 위험을 감수하면서 멀리까지 가서 물을 떠와야 하는 사람들도 여전히 많다는 것에 한 번 더 놀랐다. 비포장도로를 달리는 자동차가 튕겨내는 돌멩이에 다칠 수도 있고 흙먼지를 뒤집어쓰며 울퉁불퉁한 흙길을 힘겹게 걸어야 하지만 매일 물을 뜨러 가야만 하는 남매를 보며 무척 안타까워했다.

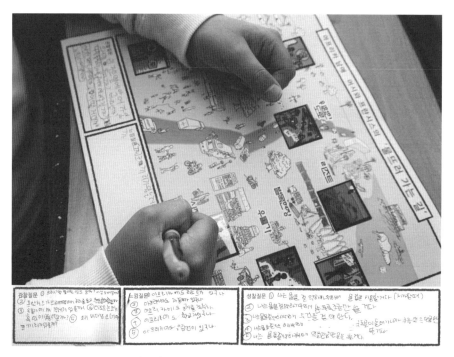

NGO 호이(HoE)에서 제작한 '물 뜨러 가는 길 키트'로 활동한 내용

224

물 뜨러 가는 길을
체험하다

　막상 우리 반 아이들과 진행하려니 생각할 게 한두 가지가 아니었다. 학교 밖에서 할지 안에서 할지, 물통은 무엇으로 할지, 물통을 들고 걷기만 할 것인지 특별한 활동을 할 것인지 등이었다. 학교 위치상 주변에 물통을 들고 반 전체가 마음 놓고 걸을 곳이 없었다. 아쉬운 대로 학교 운동장을 걷기로 했다.

　물통은 각자 1.5~2리터 페트병을 두 개씩 구해왔다. 새로운 쓰레기가 만들어지는 것을 막기 위해 버려질 예정이었던 페트병만 가져오기로 했다. 목표의식을 높이고 특별한 행사 느낌을 내기 위해 지원자를 받아 포스터를 제작했다. 단체 티나 조끼를 준비하고 싶었지만 여건상 구하기가 어려워 아이가 그린 포스터를 라벨지에 복사해 아이들 등에 붙였다.

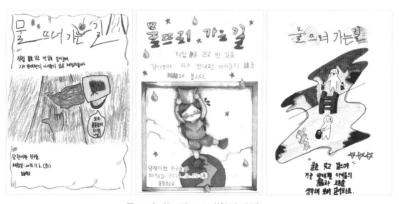

물 뜨러 가는 길 포스터(학생 작품)

225

물 뜨러 가는 길 행사 목적이 물 뜨러 가는 아이들의 어려움을 공감하는 것인 만큼 걷는 동안 의미 있는 미션을 수행하기로 했다. 지속가능발전목표(SDGs) 17개를 외우며 걷는 것이다. 지속가능발전목표는 전 인류가 힘을 모아 지구촌 문제를 해결하고 지속 가능한 미래를 만들 수 있도록 국제 연합(UN)에서 만들었다. 17가지 목표는 2030년까지 해결할 인류 보편적 문제, 환경 문제, 경제 사회 문제로 구성되어 있다.

준비(1인 기준)

- 1인 2리터 페트병 두 개(재활용 페트병 사용)
- 등에 붙일 포스터(학생 작품 A4 라벨지에 복사)

활동

1. 포스터를 등에 붙이고 2L 페트병에 물을 미리 채우기
- 활동 시간이 넉넉하거나 장소가 허락한다면 활동 중 물을 뜨는 것도 좋다.
2. 모둠별로 운동장을 다섯 바퀴 걸으며 지속가능발전목표(SDGs) 외우기
- 운동장 크기에 따라 몇 바퀴를 돌 것인지 결정
- 학교 구조에 따라 다양한 동선을 짤 수 있음
3. 페트병의 물은 화단의 식물에게 준 후 분리수거장에 버리기
4. 교실로 돌아와 지속가능발전목표를 확인하는 시간을 갖기
5. 활동 소감 나누기

　　드디어 걷는 날. 페트병에 물을 채워 모둠별로 운동장을 걷기 시작
했다. 시작할 때는 열 바퀴는 너끈히 돌 수 있을 것처럼 너스레를 떨던
아이들의 발걸음이 느려지고 물통을 든 손이 축 처졌다. 고작 두 바퀴
돌고 나서 허리를 짚고 주저앉는 친구를 보며 박장대소를 터뜨리기도
했다. 17개의 목표를 외우느라 쉴 새 없이 중얼거리고 서로 퀴즈를 내

기도 했다.

몸이 좋지 않아 걷기에 참여하지 못하고 그늘에 앉아 있던 아이가 한숨을 쉬며 말했다. "진짜 아프리카였다면 오늘 가족들과 쓸 물을 못 길어 오는 거네." 이 말을 들은 모둠 친구들이 친구 몫까지 물을 떠다 주겠다며 나섰다.

얼굴은 점점 빨갛게 달아오르고 지친 표정이 역력했지만 서로 격려하며 무사히 걷기를 마쳤다. 페트병에 담겼던 물은 화단의 꽃과 나무에 준 후 학교 재활용 창고에 페트병을 버리는 것까지 꼼꼼하게 챙겼다.

교실로 돌아와서 지속가능발전목표를 다시 한번 함께 읽어보고, 소감문을 작성하며 활동을 되돌아보는 시간을 가졌다.

아이들 소감

- 아프리카 친구들이 이렇게 힘들어한다는 것을 아주 잘 깨달았다. 아프리카 아이들을 위해 마구마구 아낌없이 기부하고 싶고 도와주고 싶었다.
- 물이 이렇게 무거웠다니. 그냥 걷기도 힘든데 어떻게 물통을 들고 그 먼 길을 걸을까. 빨리 가까운 곳에 우물이 생기면 좋겠다.
- 물을 길러 갔다 오면 아프리카 아이들의 하루가 끝난다니, 너무 불공평하다.
- 혼자서는 끝까지 걷지 못했을 거다. 친구들과 함께여서 할 수 있었다.
- 이렇게 힘든데도 웃는 아프리카 친구들을 보니 나도 더 긍정적인 마음을 가져야겠다는 생각이 들었다.

적정기술을 배우고 창조하다
나도 사람을 살리는 디자이너!

적정기술은 제3세계의 경제적, 사회적, 기술적 문제를 해결하기 위해 고안된 기술로 소수의 부자들만 누릴 수 있는 기술이 아닌 소외된 사람들의 삶을 개선하는 데 중점을 둔 기술이다. 좀 더 편하게 물을 뜨거나 구할 수 있는 적정기술도 계속 연구되고 있다.

김대호의『에코 크리에이터 디자인』은 오염된 물을 정화할 수 있는 '라이프 세이버 보틀(Life Saver Bottle)', 목에 걸고 다니며 빨대처럼 물에 대고 흡입하면 정화된 물을 마실 수 있는 '라이프 스트로(Life Straw)'를 소개한다. 스미소니언연구소의『소외된 90%를 위한 디자인』에는 한 번에 약 50리터의 물을 옮길 수 있는 '큐 드럼(Q Drum)'을 제시한다.

제리백(Jerry Bag) 박중열 대표는 물통인 제리캔을 넣고 다닐 수 있는 배낭 형태의 가방을 만들었다. 아프리카 아이들이 조금이라도 더 안전하고 편하게 물을 나를 수 있게 한 것이다. 우간다의 수도 캄팔라의 제리백 제조 작업장은 현지 여성들을 고용하여 일자리 창출과 지역경제 부흥에 기여하고 있다. 탐스 슈즈의 '원 포 원(One for One)' 제도를 도입하여 소비자가 제리백을 사면 우간다 아이들에게 하나씩 기부하는 시스템을 만들어 제리백 보급에도 힘쓰고 있다.

꼭 물을 길어와야 한다는 고정관념을 깬 기술도 있다. 낮과 밤의 일교차로 생긴 이슬을 모아 탑 하나당 최대 100리터까지도 물이 만들어지는 와카워터(Warka Water)다. 유다정의『지구를 구하는 발명책』에 자

우간다 캄팔라의 제리백 작업장(Jerry Bag Design Lab Kampala Studio)
제리백을 만들고 판매하는 곳

세히 소개되어 있다. 이탈리아의 디자이너 아르투로 비토리(Arturo Vittori)가 에티오피아 지역에 사는 '와카'라는 나무를 이용해 탑 모양으로 뼈대를 세우고 나일론 소재 그물을 설치한 것이다. 과학 시간에 배운 '응결'의 원리를 떠올리며 '이슬이 열리는 나무'라며 무척 신기해했다.

　아이들도 '깨끗한 물을 구하라'는 주제로 사람들에게 도움이 되는 발명품을 디자인하는 시간을 가졌다. 앞서 소개한 발명품에 잔뜩 영감을 받아 쉴 새 없이 생각을 쏟아내느라 시끌벅적했다. 물 부족으로 고통받는 사람들의 삶을 개선하고 싶다는 열망에 힘입어 많은 아이디어가 나왔다.

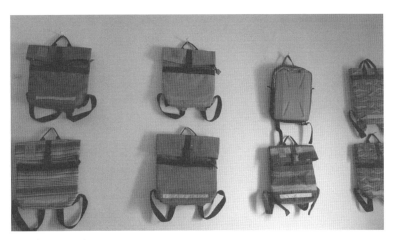

제리백(Jerry Bag)

식수정화제를 선물하다

프로젝트를 진행하는 동안 아이들은 조금씩 달라지고 있었다. 아프리카의 뜨거운 햇살을 떠올리며 더위나 힘든 일을 조금 더 견뎌보려 하고, 수도꼭지를 틀면 물이 콸콸 나오는 현실에 감사하게 되었다.

오염된 물을 마시는 아이들에게 깨끗한 식수를 마시게 하고 싶다는 열망이 후원으로 이어져 유니세프를 통해 알약 1개당 4~5리터의 물을 정화할 수 있는 식수정화제를 선물했다.

깨끗한 물을 쉽게 구할 수 있는 시설이 만들어져 물 뜨러 가는 길이 학교 가는 길로 바뀌게 되는 날을 기대해 본다.

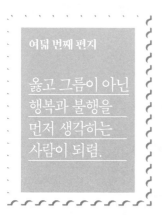

"사람들은 왜 자신과 다른 사람을 쉽게 받아들이지 못해요?"

"왜 비슷한 사람끼리 뭉쳐서 다른 사람을 밀어내려 해요?"

안네 프랑크의 『안네의 일기』를 읽어보며 너희가 던진 질문이었어. 제2차 세계대전 때 독일 나치가 그토록 많은 유대인을 학살한 이유가 뭘까? 그 당시 독일에는 우수한 게르만족이 세상을 지배해야 한다는 인식이 퍼지기 시작했단다. 게다가 1차 세계대전에서 패한 후 독일 사람들이 빈곤에 시달렸을 때도 여전히 부를 누리는 유대인에 대한 반감이 커졌어. 나치는 독일 국민들을 선동해 유대인에 대한 분노와 혐오감을 키워 유대인 학살에 동조하게 만들었단다.

역사를 살펴보면 학살은 이때만 일어난 것은 아니야. 박지숙의 『괴물들의 거리』, 손연자의 『마사코의 질문』을 읽으면서 살펴보았던 관동대학살을 떠올려 보렴. 일제 강점기인 1923년에 일본 간토 지방에 대지진이 일어났지. 일본은 위기를 수습하기 위해 조선인이 폭동을 일으킨다는 거짓 소문을 퍼뜨려 조선인에 대한 대량학살을 저질렀어. 함께 어울려 살던 평범한 일본인 이웃조차 돌변하여 학살에 동참한 경우가 많단다.

저 멀리 아프리카에도 크고 작은 전쟁이 끊이지 않는단다. 르완다에 살고 있던 후투족과 투치족 간의 갈등이 깊어져 많은 사람들이 희생되었어. 너희들은 나카지 후카코의 『르완다에 평화의 씨앗을』을 읽으며 몇십 년에 걸쳐 반목하고 대립했던 상황을 많이 안타까워했지.

많은 사람이 죽어야만 했던 역사적 사건들에 대해 들으며 너희 얼굴이 점점 무거워졌어. 그냥 평화롭게 사이좋게 지내면 안 되냐고 소리치는 친구들도 있었지. 이렇게 무거운 주제를 꺼낸 이유는 '무엇이 사람을 이렇게 만드는 것일까?'를 함께 생각해 보고 싶었기 때문이란다. 너희들은 치열한 토론 끝에 '이해심'과 '포용력'의 부족이 가져온 비극적인 사건이라고 생각을 모았어.

선생님은 너희 생각에 깊이 공감한단다. 다카노 가즈아키의 소설 『제노사이드』에 이런 구절이 나온단다. '적이 인종적으로 다르며, 언어도 종교도 이데올로기도 다르게 되면 심리적 거리가 멀어지며 그만큼 죽이기 쉬워진다. 평소에도 다른 민족과 심리적인 거리를 가지고 있는 사람, 즉 스스로가 소속된 민족 집단의 우위성을 믿으며 다른 민족을 열등하다고 느끼는 인간이 전쟁에서 손쉽게 변모하는 모습을 보인다. 평소에도 주위를 둘러보면 그런 사람을 한둘쯤 바로 찾을 수 있다. 그리고 싸우는 상대가 윤리적으로도 열등한, 짐승이나 다름없는 사람들이라고 철저하게 가르쳐두면 정의를 위한 살육이 시작된다.'

평범해 보이는 우리 삶에서도 다른 사람을 배척하고 궁지로 몰아가는 일은 끊임없이 일어나고 있단다. 온라인 공간에서 집단으로 악의적인 댓글을 퍼부어 한 사람을 죽음으로 몰고 가기도 하고, 옷차림이 남루해 보이거나 나보다 피부색이 진하면 은근히 무시하는 경우도 있어.

학예회 방송 댄스 공연 때 입을 옷을 사오지 못했다는 이유로 한 달이나 함께 연습한 친구를 팀에서 빼버린 적이 있었어. 그 옷을 꼭 입을 필요가 없었는데도 말이야. 경제적인 이유로 소외당한 친구의 마음은 어땠을까.

아파트 놀이터에서 놀고 있는 친구에게 주민이 아니면 이용할 수 없다며 으름장을 놓는 아이, 체육 시간 공 던지기 활동을 할 때 민첩하지 못한 친구를 팀에 끼워주지 않는 아이, 다른 환경에서 자란 친구를 무조건 배척하는 아이들을 보면 속상하고 화가 났단다.

다시 나눔 이야기로 가볼까.

"카카오 농장에서 하루 종일 일하는데 왜 계속 가난해요?"

이 질문을 한 친구가 너무 고마웠단다. 우리 주변에는 도움이 필요한 어려운 이웃이 많지. 하지만 이들을 게으르고 무능한 사람들로 여기면서 도움을 주는 것에 반대하는 사람들도 있어. 한번 도와주면 자립할 생각은 안 하고 계속 도움을 받으려고만 한다고 말이야.

물론 다른 사람의 도움을 이용하려는 사람도 있을 것이고, 어려운 상황을 이겨내기 위해서는 개인의 노력도 중요하지. 하지만, 아무리 노력해도 가난의 굴레에서 벗어날 수 없는 경우가 훨씬 많단다. 도움을 악용하는 사람들이 있다고 지원을 중단해 버린다면 정말 도움이 필요한 사람들의 새로운 삶의 기회도 함께 앗아가는 거란다.

다름을 따뜻하게 포용하는 사람이 되렴. 어려운 사람을 향해 더 따스한 시선과 더 넓은 마음을 가졌으면 한단다. 옳고 그름보다 행복과 불행을 먼저 생각하는 사람이 되렴. 때로는 그것이 더 많은 사람을 이롭게 한단다.

감사의 마음으로 따뜻한 집을
만들어 드리다

한국해비타트
- 독립운동가 후손 주거 개선 캠페인 후원

'다하우 강제 수용소.'

비가 내리는 을씨년스러운 날이면 어김없이 떠오르는 장소다. 독일 뮌헨 여행 중 꼭 가봐야 한다고 해서 별다른 마음의 준비 없이 방문했던 그곳은 비가 부슬부슬 내리고 있었다. 잿빛 하늘이 수용소 건물을 무겁게 짓누르고 있었고, 낡은 건물은 음산한 기운을 내뿜고 있었다. 분명 다른 관광객들이 많았음에도 건물 안팎을 감도는 기괴한 정막에 소름이 돋을 정도였다.

당시 유대인들의 모습을 담은 커다란 흑백 사진을 보고 있으니 제2차 세계대전 한복판에 있는 것 같은 착각이 들었다. 유대인들을 대량

학살한 가스실은 낡은 쇠 냄새가 진동했다. 발을 들여놓자마자 피 맛이 입안을 감도는 듯해 몇 분도 못 버티고 도망치듯 빠져나왔다. 메슥거리는 속을 부여잡고 오들오들 떨면서 정신없이 숙소로 돌아왔다. 끔찍했던 기억이 생생해서 수년이 지나 폴란드의 아우슈비츠에 가기까지는 참으로 많은 용기가 필요했다.

유대인들은 수치스럽고 고통스러운 기억을 떠올리게 하는 수용소를 왜 보존해 왔을까. 유네스코가 폴란드의 아우슈비츠를 세계문화유산으로 지정한 이유는 뭘까. 이는 홀로코스트 같은 반인륜적 범죄가 전 인류적인 문제임을 강조하고 비극의 역사를 기억함으로써 다시는 같은 일이 되풀이되지 않게 하기 위함이다.

역사를 배우고 기억해야 하는 이유

역사작가 박기현은 『차이나는 유대인 엄마의 교육법』에서 유대인들은 자녀에게 역사를 철저하게 교육시킨다고 했다. 아픈 역사를 통해 교훈을 가르치고 조상들의 고통을 되새기며 정체성을 찾게 한다는 것이다.

우리는 어떤가. 역사를 배우는 것이 중요하다고 말하면서도 실제로 역사를 열심히 공부하는 사람은 많지 않다. 아이들은 수학 문제를 많이 틀리면 동동거리지만 역사를 잘 모른다고 안달하지는 않는다. 역사는 어렵고 지루한 옛날이야기일 뿐이다.

팀 페리스는 『지금 하지 않으면 언제 하겠는가』에서 '나를 찾아내지 못하고, 나를 만드는 일을 하지 않으면, 나는 나도 모르는 사이에 사라진다'고 했다. 무관심 속에 역사를 잊고 주체성을 잃어버린다면 자신이 누구인지 모르게 될 날이 오지 않을까. 내가 누구인지 찾기 위해서는 역사를 반드시 알아야 한다.

'역사를 잊은 민족은 재생할 수 없다.'

단재 신채호 선생의 말처럼 역사를 모르는 민족은 바로 설 수도 없고, 앞으로 나아갈 수도 없다.

독립운동가 후손을 지원하는 캠페인을 알게 되다

역사 시간에 일제 강점기를 가르칠 때마다 많은 것을 일본에 빼앗겼던 것에 분노한다. 나라를 되찾기 위해 목숨을 걸고 활약한 독립운동가들에게 감사하고 있다. 하지만 독립운동가 후손들이 어렵게 살고 있다는 소식을 들을 때마다 마음이 무거워졌다.

아이들과 나눔 활동을 시작하면서 후원 정보를 얻기 위해 틈만 나면 NGO 홈페이지를 수시로 살펴보는 습관이 생겼다. 해비타트 홈페이지를 살펴보던 중 한창 진행 중인 '독립운동가 후손 주거 개선 캠페인'을 발견했다. 해비타트는 '모든 사람에게 안락한 집이 있는 세상'이라는 비전을 가지고 미국에서 시작한 비영리국제단체다. 전 세계 70여 개의 나라에서 열악한 주거환경 개선을 위해 안락한 집을 만드는 일을 하고 있다.

한국해비타트에서는 독립운동가 후손들의 열악한 주거 환경을 개선하기 위해 캠페인을 실시하고 있었다.

대한민국
독립운동가들을 만나다

독립운동가 후손을 돕기에 앞서 독립운동가를 제대로 알아보는 시간을 가졌다. 수많은 독립운동가들 중 배울 인물을 선정하는 것도 만만치 않았다. 우선 최태성 선생님의 영상을 보며 2016년 크리스마스 썰에 나온 '독립을 향한 열망 대한민국 독립운동가 10인'을 배웠다.

'내 소원은 오직 대한 독립이오'를 외치며 자주 독립과 통일 정부 수립을 위해 앞장선 민족 지도자 백범 김구, 중국 훙커우 공원에서 도시락 폭탄을 던진 윤봉길 의사, 일본 국왕에게 수류탄을 던진 이봉창 의사, '역사를 잊은 민족은 재생할 수 없다'며 역사 연구가 곧 독립운동임을 일깨운 단재 신채호, 역사 보존을 강조하며 나라의 혼(魂)을 강조했던 박은식, 교육을 통해 나라의 주권을 되찾기 위해 노력한 도산 안창

대한결핵협회 2016년 크리스마스 씰
〈독립을 향한 열망_대한민국 독립운동가 10인〉에 나온 그림을 따라 그린 작품(학생 작품)

호, 이토 히로부미를 암살한 안중근 의사, 봉오동 전투를 승리로 이끈 60전 60승의 주인공 홍범도 장군, 청산리 대첩을 승리로 이끌고 교육 사업과 계몽운동에도 앞장섰던 김좌진 장군.

책을 함께 읽으며 더 많은 독립운동가를 알아갔다. 『WOW 나는 우리나라의 독립운동가로소이다』와 오경문의 『내 소원은 조국의 독립이오!』를 통해 3·1 운동 때 33인을 대표해 독립선언서를 연설한 만해 한용운, 상해 임시정부 수립 때 '임시정부헌장' 기초를 만들며 '대한민국'이라는 용어를 처음으로 사용했던 조용은, 영상 안에는 없었지만 일제 민족정신 말살정책에 항거하며 민족 정체성 확립을 위해 한글을 연구하고 가르쳤던 주시경.

또, 김일옥의 『나는 여성독립운동가입니다』를 읽으며 여성 독립운동가들을 공부했다. 김구 선생의 어머니이자 대한민국임시정부의 어머니 곽낙원 여사. '비겁하게 삶을 구걸하지 말고 대의에 죽는 것이 어미에 대한 효도다'라며 아들인 안중근 의사를 바로 세웠던 조마리아 여사, 아우내 장터 만세운동을 주도한 유관순 열사, 일본 장교 암살을 시도한 한국 독립군의 어머니 남자현 지사, 조선총독부를 폭격하기 위한 꿈을 안고 한국 최초의 여성 비행사가 되어 항일운동을 펼친 권기옥.

하나둘 마음에 새겨지는 독립운동가들이 늘어나면서 이들에 대한 존경심이 생겨나고 '애국'이라는 단어에 마음이 끓어올랐다.

'만약 나라면?'
질문에 답하다

독립운동가를 만나면서 여러 가지 질문을 함께 탐구해 보았다.

Q. 나에게 역사는 어떤 의미인가요?

이 프로젝트를 시작하기 전에는 그다지 관심도 없었던 역사, 지루하고 어렵기 짝이 없었던 역사에 대한 생각이 바뀌었을까.

- 나에게는 아직 공부 같은 의미다.
- 역사는 우리나라 일기다. 소중히 지키고 간직해야 한다.
- 박은식 선생님 같은 분이 왜 노벨상을 못 받았는지 모르겠다.
- 역사는 보존해야 한다. 역사가 없으면 우리도 없다. 그래서 나에게 역사는 생명과 같다.

박은식, 신채호 선생님 같은 분들이 나라의 위기 상황에서도 그토록 지켜내려고 애쓴 역사. 후손에게 온전하게 전하고자 했던 역사가 그토록 중요한 것이라는 것을 되새겨 본 것만으로도 한 걸음 더 나아갔다고 생각한다.

Q. 일제 강점기에 살았다면 독립운동을 할 수 있었을까요?

이 질문을 스스로에게 던질 때마다 선뜻 '그렇다'라고 답하지 못하고 한없이 비겁해지고는 했다. 같은 질문에 아이들은 어떻게 답할지 궁금했다.

- 난 아픈 거 싫고, 감옥에서 죽기 싫다. 나와 가족부터 살아야 된다.
- 독립할 희망이 안 보이는데, 굳이 할 필요 없다고 생각할 것 같다.
- 할 수 있을 것 같다. 나를 희생해서 다른 사람들이 더 잘 살아갈 수 있게 할 것이다.
- 사람은 어차피 죽으니까 나라를 위해서 내가 조금이라도 도움이 된다면 독립운동을 할 것이다.
- 죽는 게 무섭다. 아직 방탄소년단 팬 미팅도 못 갔고 버킷리스트에서 하고 싶은 것을 많이 못 했기 때문이다. 하지만 우리 반 친구들과 함께 독립운동을 한다면 할 수 있을 것 같다.

아이들이 나보다 나았다. 더 솔직하고 용감했다. 부추긴 것도 아닌데 우리 반이 함께하면 할 수 있을 거라는 말에 뭉클했다. 독립운동이 계속될 수 있었던 것도 '함께' 힘을 모으고 희망을 나눴기 때문이 아닐까. 나라를 위해 자신을 기꺼이 내어준 분들께 다시 한번 감사드렸다.

Q. 내가 만약 독립운동가라면 어떤 일을 하고 싶나요?

모든 악조건에도 불구하고 용기를 내서 독립운동에 뛰어든다면 무엇을 하고 싶은지 물었다.

- 독립군을 치료하는 의사가 된다.
- 안중근, 남자현 의사처럼 총 다루는 방법을 익혀 나쁜 사람들을 암살할 것이다.
- 전 재산을 기부하여 독립운동가들을 더 많이 모을 것이다.
- 역사학자가 되어 일기로 빠짐없이 기록하고, 역사를 보존하고 지키고, 진실을 알릴 것이다. 우리 후손들이 역사를 기억하게 할 것이다.

독립운동가들이 자신이 할 수 있는 일을 한 것처럼 나름의 방법을 찾은 아이들이 기특했다.

독립운동가 후손 주거 지원
개선 캠페인을 후원하다

해비타트 홈페이지 캠페인 영상을 보며 독립운동가 후손들이 얼마나 어렵게 살고 있는지 알게 되었다. 이런 사실을 이제야 제대로 알게 된 것이 부끄러웠다.

독립운동가 약 150만 명, 그 후손들 중 국가 지원을 제대로 받고 있는 사람이 고작 10%, 75% 이상이 월 개인소득 200만 원 미만, 70%가 고등학교 이상의 교육을 받지 못했다니. 오죽하면 '독립운동을 하면 3대가 망한다'는 말이 생겨났을까. 독립운동가의 헌신 덕분에 나라를 되찾았는데 그 후손들은 가난의 굴레에 갇혀버렸다. 이분들에게 도움이 되고 싶은 마음을 모아 해비타트에 전달했다.

자신과 가족의 안위보다 나라를 위해 희생한 독립운동가들. 그분들의 후손이 제대로 된 생활기반을 마련하고 더 이상 가난을 대물림하지 않도록 돕는 것이 우리가 해야 할 일이 아닐까.

◀ 나눔 더하기 ▶

큰별샘에게 감사를 전하다

광화문 교보문고에서 최태성 선생님 강의가 열린다는 소식을 듣자마자 재빠르게 참석 신청을 했다. 아이들에게 최태성 선생님을 만나러 갈거라고 자랑했더니 자기들도 데려가라고 집요하게 조르기 시작했다.

함께 가고 싶은 마음이야 굴뚝같았지만 현실적으로 어렵다는 것을 납득시켰다. 그랬더니 자기들의 마음을 전해달라면서 여러 가지를 제안했다. 자신들이 그린 독립운동가 그림과 최태성 선생님 모습을 그린 그림을 감사 편지와 함께 전하고 싶다는 것이다. 잔뜩 들떠서 그린 그림과 정성껏 쓴 감사 편지를 바인더에 차곡차곡 모았다.

드디어 강의를 듣는 날. 배운 내용을 아이들에게도 알려주기 위해 집중해서 들었다. 드디어 최태성 선생님께 사인받는 시간. 아이들 마음을 잘 전달해야 한다는 의무감에 마음이 무거웠다. 사인을 받으며 선생님 영상 덕분에 아이들과 독립운동가를 깊이 배우고 해비타트 독립운동가 후손들을 후원할 수 있었다고 감사의 말씀을 전했다.

아이들 그림과 편지가 든 바인더를 전해드렸더니 선생님께서는 호쾌하게 웃으시면서 무척 즐거워하셨다. 책에 '담쟁이반 너희들을 사랑해.' 멘트와 함께 사인도 해주시고, 아이들에게 전할 동영상에 응원의 말을 남겨주셨다. 학교에 가서 사인받아 온 책을 보여주니 구름 떼처럼 몰려들어서 서로 읽겠다고 난리가 났다. 동영상은 몇 번이고 다시 틀어달라면서 볼 때마다 좋아서 어쩔 줄 몰라 했다.

우리 반 아이들에게 잊지 못할 추억을 선물해 주시고, 늘 역사 교육을 위해 애쓰고 계신 최태성 선생님께 감사의 마음을 전한다.

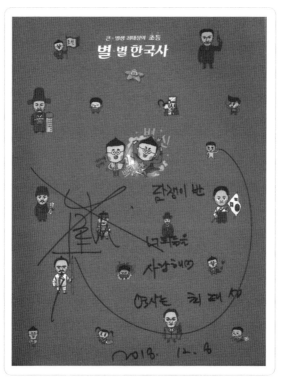

교보문고 강연회에서 받은 저자 사인

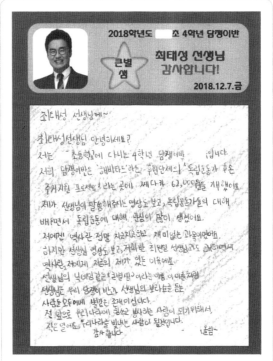

'큰별쌤 최태성이 들려주는 대한민국 독립운동가 10인' 영상을 보고 최태성 선생님께 쓴 감사 편지

◀ 나눔 더하기 ▶

사이버외교사절단

반크(VANK) 독도지킴이 수호활동을 후원하다

안다고 생각하는 것들 중에 확실하게 알지 못하는 것들도 많다. 아이들에게 독도도 그중 하나였다. 하도 많이 들어서 독도가 우리 땅이라는 것은 알겠는데, 일본은 왜 자꾸 독도를 자기 영토라고 우기는지, 원래 우리 땅인 독도를 지키기 위해 왜 노력해야 하는지는 잘 모르고 있었다.

김병렬의『독도를 지키는 우리들』, 황선미의『일곱 빛깔 독도 이야기』, 윤문영의『독도가 우리 땅일 수밖에 없는 12가지 이유』, 참어린이 독서연구원의『독도가 우리 땅인 이유 33가지』, 호사카 유지의『대한민국 독도 교과서』를 영상 자료와 함께 보면서 독도가 우리 땅이라는 증거를 살폈다.『세종실록지리지』, 옛 일본 지도, 조선 어부 안용복이 일본에서 받아온 공식 외교문서, 1900년 대한제국 칙령, 최초 우리말 사전에는 모두 독도가 우리 땅이라고 표시되어 있었다.

독도는 여러 가지 면에서 매우 중요한 섬이다. 우선, 경제학적 가치뿐 아니라 군사적 전략 기지로서 지정학적 가치도 높다. 가장 동쪽에 위치한 독도는 영토로부터 200해리까지 경제적 권리가 인정되는 배타적 경제적 경제 수역을 설정하는 데 유리하다. 천연가스인 메탄을 얻어낼 수 있는 메탄 하이드레이트 매장량도 상당하다. 또한 한류와 난류가 만나는 곳으로 각종 어류를 비롯해 다양한 생물이 서식하고 있어 천연기념물 336호로 지정될 정도로 생태학적 가치도 높다.

이제는 〈독도는 우리 땅〉 가사를 제대로 이해하며 부를 수 있게 되었다. 독도에 대해 하나씩 알아가는 동안 사이버외교사절단 반크(Voluntary Agency Network of Korea, VANK)의 독도지킴이 수호활동을 후원하기 위한 쩨다카를 진행했다. 반크는 외국에 한국을 바로 알리기 위해 사이버 민간 외교관으로서 폭넓은 활동을 하고 있는 비정부 민간 단체다. 독도가 우리 땅임을 알리고 '동해'와 '독도'의 잘못된 국제 표기를 수정하기 위해 많은 노력을 기울여왔다.

독도의 날에 반크에 후원 요청을 하면 더 뜻깊을 것 같아 독도의 날까지 2주 정도 쩨다카를 진행했다. 예상대로 반응이 뜨거웠다. 후원 마지막 날인 10월 25일 독도의 날에는 평소보다 몇 배가 되는 수가 자신의 용돈으로 후원했다.

독도 프로젝트는 여기서 끝나지 않았다. 학기말 학년 예술제에서 반 전체 아이들이 참여하여 〈독도는 우리 땅〉 노래에 맞춰 퍼포먼스를 했다. 공연 준비 내내 노래를 흥얼거리며 독도를 향한 뜨거운 사랑을 보였다. 공연 당일은 아침부터 시끌벅적했다. 직접 그린 '독도는 우리 땅' 포스터를 등에 붙이랴 얼굴에 태극기 분장하랴 손에는 독도 그림 스티커를 붙이느라 정신없었다.

드디어 무대 위. 춤을 추며 독도가 우리 땅이라는 증거를 보여주고, 태극기를 휘날리며 독도는 우리 땅이라는 것을 온몸으로 알렸다. 멋진 공연이었다. 스스로 해냈다는 자부심이 찌를 듯했고 독도를 향한 관심과 사랑이 커졌음은 두말할 필요도 없었다. 독도를 향한 관심과 사랑이 커지면 독도를 지켜내는 힘도 커질 거라 믿는다.

독도 포스터(학생 작품)

차별 없이 교육받는
세상을 꿈꾸다

세이브더칠드런
- School me _여자아이 학교 보내기 후원

　10년이 넘어도 바래지 않는 기억이 있다. 캄보디아 앙코르와트에서 집요하게 따라다니던 아이들의 모습이다. "원 달러(One dollar)"를 외치며 스카프나 기념품을 사라고 졸졸 쫓아왔다. 한 아이를 보내고 나면 또 다른 아이가 말을 걸어왔다. '아이들이 학교에 다니는 것'을 당연하게 여겨온 나로서는 관광지에서 물건을 팔고 있는 아이들이 쉽게 납득이 되지 않았다.

　나중에야 부모들이 일부러 학교에 보내지 않는다는 사실을 알고 충격에 휩싸였다. 학교에 보내지 않는 가장 큰 이유는 어른보다 아이들이 물건을 팔 때 수입이 좋아서였다. 동정심을 자극해 관광객의 지갑을 쉽게 열 수 있기 때문이리라. 함께 간 사람들과 논쟁이 붙기도 했다.

"물건을 사지 말아야 한다. 물건을 사주면 부모가 계속 아이들을 학교에 안 보내고 거리로 내몰 것이다."

"아니다, 그래도 당장 생계를 위해 물건을 사줘야 하지 않겠냐."

지금까지도 어느 쪽이 맞는지 고민되는 부분이다. 학교를 보내지 않는 또 다른 이유는 공부를 시키는 것에 대한 두려움이었다. 1970년대 후반 폴 포트의 공산주의 정권이 200만 명을 학살했다. '킬링필드'라 불리는 이 사건 이후 배운 사람은 죽임을 당할 수도 있다는 공포심을 갖게 되었기 때문이다.

몇 년 후 다시 캄보디아에 갔을 때는 다행히도 교육에 대한 열의가 훨씬 높아져 있었다. 아이들의 교육 환경이 점점 나아지고 있는 곳도 있지만 여전히 교육으로부터 철저하게 소외된 곳도 많다. 전 세계에는 여전히 종교적인 이유로, 자연재해나 전쟁 종교, 사회관습, 자연재해, 전쟁 때문에 학교에 가지 못하는 아이들이 여전히 많다. 우리가 관심을 갖고 아이들의 교육받을 권리를 지켜주어야 할 이유다.

교육이 중요한 이유

일제 강점기, 우리는 한글을 쓰지 못하고 우리나라 역사를 배우지 못했다. 유대인들이 오랫동안 뿔뿔이 흩어져 살았으면서도 유대인으로서의 정체성을 유지할 수 있었던 이유는 가정교육을 통해 유대인의 신앙, 역사, 문화를 철저하게 가르쳐왔기에 가능한 일이었다.

수전 휴즈의 『별별 학교 지구촌 친구들』에는 열악한 환경 속에서도 교육을 이어가기 위해 만들어진 창의적인 학교들이 소개된다. 라다크 사막의 학교, 방글라데시의 보트 학교, 마사이 소녀들을 위한 기숙 학교, 중국 소수 민족 먀오족의 동굴 학교, 인도의 기차역 학교, 아마존의 열대 우림 학교, 우간다의 나무 밑에서 시작한 학교, 콜롬비아의 거리 학교, 러시아 유목민 아이들을 위한 이동 학교 등 배움이 있는 곳에 학교를 세워간다.

교육이야말로 개인이 정체성을 확립하고 인간다운 삶을 누릴 수 있게 해준다. 더 나아가 사회를 유지하고 발전시키는 데 중요한 역할을 한다.

교육에서 소외된 아이들

불과 100년 전인 1900년대 초에는 미국도 아동 노동이 일반적이었다. 사회학자이자 사진가인 루이스 하인이 노동 현장에 있는 아이들을 사진에 담아 폭로하기 전까지 아이들은 고된 노동에 시달려야 했다. 그의 노력 덕분에 아동 노동이 사회적 이슈가 되고 아동 노동법이 바뀌면서 어린이의 인권이 높아지게 되었다.

아프리카, 아시아, 중남미 개발도상국에는 여전히 아동 노동으로 고통받는 아이들이 많다. 이와쓰키 유카의 『나는 8살, 카카오밭에서 일해요』에는 하루 종일 높은 나무에 올라가 카카오를 따는 아이들, 축구공을 꿰매는 아이들, 카펫을 짜는 아이들, 농장에서 일하는 아이들이 나온다.

아이들은 어른들보다 말을 잘 듣고 값싼 임금으로 쓸 수 있는 데다, 부모님의 빚이나 생계 때문에 일터로 내몰린 아이들이 많기 때문에 아동 노동 문제가 근절되기 쉽지 않다. 제때 배우지 못한 아이들은 어른이 되어서도 제대로 된 일자리를 찾지 못해 가난이 대물림되는 악순환이 반복된다.

유엔아동권리협약(Convention on the Rights of the Child, CRC)에는 다음과 같이 명시되어 있다.

28조. 인격을 존중하는 교육
우리는 교육받을 권리가 있습니다. 적어도 초등교육은 무료로 받을 수 있어야 하며 능력에 맞게 더 높은 교육도 받을 수 있어야 합니다. 또한 학교 규율은 우리의 인격을 존중하는 방법으로 운영되어야 합니다.
32조. 어린이 노동
우리는 위험하거나 교육에 방해가 되거나 우리의 몸과 마음에 해가 되는 노동을 해서는 안 됩니다.

- 유니세프한국위원회, 『우리가 가진 권리 우리가 지켜주는 권리』 중에서

어린이들의 교육을 위해 어른들이 나서야 한다. 부모님이나 사회가 아이들에게 교육을 지원할 수 있는 상황이 아니라면 다른 사람들이 도움의 손길을 내밀어야 한다.

교육을 위해 헌신한 사람들

교육을 위해 애쓰는 사람들이 정말 많다는 것을 알게 되었다. 그중 현지의 어려운 여건을 극복하고 제3세계 아이들의 교육을 위해 헌신한 사람들이 있다. 이들은 새로운 교육 환경을 만들어 많은 아이들에게 교육의 기회를 열어주었다.

『히말라야 도서관』을 쓴 존 우드는 네팔 히말라야의 시골 학교를 보고 '태어난 곳 상관없이, 누구나 책 읽고 교육받게 하겠다'고 결심한다. 그는 비영리 단체인 룸투리드(Room to Read)를 설립하여 개발도상국에 2만 개가 넘는 도서관을 세웠다. 아이들이 책을 통해 새로운 삶에 눈뜨고 더 나은 삶을 꿈꾸게 해주었다.

『연필 하나로 가슴 뛰는 세계를 만나다』의 저자 애덤 브라운은 대학 입학 후 떠난 배낭여행에서 삶의 방향을 바꾸게 된다. 인도 길거리에서 구걸하는 소녀에게 가장 갖고 싶은 것을 물었을 때 '연필'이라고 답하는 것을 듣고 비영리 단체인 '약속의 연필'을 설립했다. 5년 만에 세계 곳곳에 200여 개의 학교를 설립해 아이들의 삶을 바꿔놓았다.

아이들의 상황을 안타까워하고 교육이야말로 아이와 미래를 살리는 길이라고 생각하며 환경을 개선하기 위해 애쓴 사람들이 많다. 이들의 노력 덕분에 더 많은 아이들이 교육의 기회를 누리고 있다.

여자아이 학교 보내기에 동참하다

교육을 제대로 받지 못하는 아이들을 위해 무언가를 하고 싶다는 열망이 커졌다. 누구를 도울지 고민하던 중 세이브더칠드런 '스쿨미, 여자아이 학교 보내기' 캠페인을 알게 되었다. 여자아이들이 교육에서 소외되는 경우가 훨씬 많다는 것을 알고 이 캠페인을 후원하기로 결정했다.

이 캠페인은 빈곤, 사회적 악습, 편견으로 인해 교육의 기회를 빼앗긴 아프리카 여자아이들을 지원한다고 홈페이지에 설명되어 있었다. 빈곤 가정 생계활동 지원, 안전한 환경 조성, 여교사 양성 지원, 필수 학용품 지원 등을 통해 아프리카 여자아이들이 자존감을 키우고 주체적인 사람으로 자랄 수 있도록 돕는 것이다.

가난해서 학교에 보낼 형편이 안 되는 경우도 있지만 가사 노동을 하거나 가족의 생계를 책임져야 해서 학교에 못 다니는 경우도 있다. 정치나 종교적인 이유로 교육의 기회를 박탈당하기도 한다.

열일곱 살에 노벨평화상을 수상한 말랄라 유사프자이.『나는 말랄라』

라는 책을 펴내기도 한 그녀는 파키스탄에서 여자아이들의 교육을 억압하는 탈레반에 대해 알리는 활동을 하다가 탈레반에 의해 총상을 입고 기적적으로 살아났다. 말랄라의 행보는 여성의 교육과 권리를 촉구하는 계기가 되었으며 그녀 자신도 여성 교육을 위해 힘쓰고 있다.

여자아이 교육은 매우 중요하다. 조혼 같은 악습을 막을 수 있고, 자립심을 길러 가난에서 벗어날 기회를 가질 수 있다. 문해 교육과 보건 교육을 받은 아이가 엄마가 되면 자녀의 생존율이 높아지고 자녀를 학교에 보낼 확률이 높아져 여성들의 삶이 점차 나아지게 된다.

스쿨미 쩨다카 모금을 할 때 여자아이들의 전폭적인 지지를 얻었음은 물론이고 남자아이들도 여자아이들의 상황에 공감하며 후원에 참여했다. 학교에 가는 아이가 점점 늘어나고 차별 없이 교육받기를 바라면서 후원금을 보냈다.

한 명의 어린이
한 명의 교사
한 권의 책
그리고 한 자루의 펜이
세상을 바꿀 수 있습니다.

– 말랄라 유사프자이

빈부, 종교, 성별에 상관없이 모든 어린이들이 교육을 받을 수 있는 날을 꿈꾸며 말랄라가 한 말을 읊조려 본다.

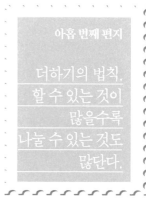

아홉 번째 편지

더하기의 법칙.
할 수 있는 것이
많을수록
나눌 수 있는 것도
많단다.

　유대인들의 우수성을 이야기할 때 빠지지 않는 것이 노벨상이란다. 전 세계 인구의 0.2%밖에 안 되지만 노벨상 수상자의 20% 이상이 유대인이지. 이들은 처음부터 노벨상을 목표로 열심히 달려온 것은 아니야. 더 나은 세상을 만들겠다는 티쿤올람 정신을 바탕으로 각자의 분야에서 열심히 노력하다 보니 노벨상을 받게 된 거란다.

　유대인은 어릴 때부터 끊임없이 공부하고 배운 것을 실천하며 역량을 기른단다. 실력을 갖추면 더 큰 영향력을 발휘할 수 있다는 것을 일찍부터 깨달았기 때문이지. 역사에 획을 그은 유대인들을 한번 살펴볼까.

　검지를 맞대는 장면을 보면 너희는 금방 영화 〈E.T〉를 떠올리잖니. 스티븐 스필버그 감독은 탁월한 상상력, 창의력, 기획력으로 동심을 가득 담은 영화를 비롯해 수많은 명작을 남기고 있단다. 색채의 마술사로 불리는 마르크 샤갈은 사람들의 상상력을 한껏 자극하지. 미술 시간에 〈나와 마을〉 작품에 영감을 얻어 너희만의 해석이 담긴 작품을 그리기도 했잖니.

257

아인슈타인은 상대성 이론을 발견하고 노벨 물리학상을 수상했어. 경영학자인 피터 드러커는 현대경영학을 창시한 분이야. 경제를 통해 인간생활을 향상하고 사회발전을 이룰 수 있도록 노력했지. 지그문트 프로이트는 정신분석학을 창시했고, 미국 정치인 헨리 키신저는 세계 평화를 위해 노력한 공로를 인정받아 노벨평화상을 수상했단다.

레너드 번스타인은 작곡가이자 피아니스트로, 에리히 프롬은 정신분석학자이자 사회심리학자로, 놈 촘스키는 언어학자로 각 분야에서 인류사에 굵직하게 획을 그은 사람들이야. 여러 차례의 시련과 실패를 딛고 일어서서 놀라운 결과를 만들어낸 유대인들의 활약상이 놀랍지 않니.

너희가 무조건 크게 성공해서 유명한 사람이 되라는 이야기가 아니란다. 배우고 성장해서 더 많은 것을 나눠줄 수 있는 사람이 되라는 거야.

- 경제 감각을 익혀 올바른 방법으로 돈을 벌어서 어려운 사람들을 도우렴. 탈무드에서는 큰 부자가 아니더라도 자신이 가진 것을 나누는 사람을 높이 평가한단다.
- 경영 능력을 길러 자신 있는 분야의 기업을 만드는 거야. 일자리를 창출하고 사회에 기여하는 일을 하렴. 유대인들은 실패를 거듭하면서도 창업을 해서 사업을 키워나가는 것도 사회를 위한 일이라고 여긴단다.
- 창의력과 디자인 실력을 키워서 소외된 사람들의 삶의 질을 향상시키는 물건을 만들어보렴. 주변을 잘 관찰하고 문제의식을 가지고 해결하려는 의지를 가지면 아이디어가 떠오를 거야.
- 의학을 연구해서 아픈 사람의 마음을 어루만져 주고 병을 낫게 해주는 사람이 되렴. 난치병 치료제를 개발하면 많은 사람을 살릴 수 있

단다.

- 글쓰기 실력을 갈고닦아서 진솔함이 담긴 글로 다른 사람을 위로하고 희망을 주는 사람이 되렴. 책을 내도 좋고 온라인 공간에서 글을 공유하는 것은 지금부터라도 할 수 있단다.
- 영양가 높고 맛있는 음식을 연구하여 건강한 음식을 대접하는 사람이 되렴. 정성이 담긴 한 끼가 추운 마음을 달랠 수 있단다.
- 음악 실력을 키워 다음 세대까지 감동을 주는 음악을 만드는 사람이 되렴. 음악은 영혼을 파고드는 힘이 있단다. 차분함, 위로, 행복, 따스함 등을 선사하기도 하고 다양한 감정을 불러일으키기도 해.
- 그림 실력을 연마하여 사람들의 마음을 풍요롭게 하는 그림을 그려보렴. 영감을 자극하는 작품으로 사람에게 행복을 선사할 수 있을 거야.

역량을 기르는 것, 더 좋은 사람이 되는 것이 쉽지만은 않단다. 내가 태어난 목적은 무엇인지, 세상에서 어떤 일을 할 것인지 끊임없이 고민해서 찾아야 해. 비전을 찾았다면 관심 있는 분야만 공부하는 것보다 낯선 분야도 경험하고 적극적으로 탐구하고 경험하는 것이 좋단다. 너희가 활동하게 될 미래는 영역 간의 경계를 넘나들 것이고 통찰력과 융합 능력이 더 중요해진단다.

새로운 길을 개척할 때 주변에서 걱정도 많이 할 거야. 다른 사람이 걸어온 길이 아니면 결과를 예측하기 어려워서 위험해 보이거든. 하지만 빠르게 변화할 미래 사회에서는 기존에 '정답'이라 여겼던 것이 '정답'이 아닐 경우가 많아질 거란다. 정답 없는 문제를 풀려면 변화에 대처하는 민첩성과 유연한 사고가 필요해.

매일 도전하렴. 발을 내딛지 않으면 그 길이 어떤지 경험해 볼 기회조

차 사라진단다. 매일 배움을 갈망하는 사람이 되렴. 할 수 있는 것이 늘어날수록 다른 사람에게 줄 수 있는 것이 많아져. 많이 나눌수록 내가 꼭 필요한 존재라는 것을 느끼게 될 거야. 이러한 충만감은 삶을 더 의욕적으로 살게 하는 원동력이 된단다.

아이들이 먼저 제안하고
함께 후원하다

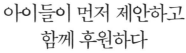

- 유엔난민기구 _인도네시아 강진 긴급 구호 후원
- 굿네이버스 _강원 산불 이재민 돕기
- 함께하는 사랑밭 _화상환자 치료 지원
- 초록우산 어린이재단 _희귀병 어린이 돕기
- 한국백혈병어린이재단 _소아암 어린이 돕기
- 나눔코리아 _소외 계층 아이들을 위한 도서 지원
- 유엔난민기구 _난민 아동보호 캠페인 후원

쩨다카를 처음 시작할 때 아이들은 모르는 것투성이였다. 누구를 도와야 할지, 어떤 기관을 통해 후원을 할 수 있는지를 처음부터 하나씩 배워가야 했다. 하지만 후원을 거듭하며 나눔에 희열을 느낀 아이들은 후원하고 싶은 곳을 먼저 제안하기 시작했다.

재해 소식을 들었을 때, 질병으로 고통받는 사람들 이야기를 알게 되었을 때, 수업활동을 하던 중에도 나눔을 제안했다. 아이들의 제안을 받을 때마다 전율이 흘렀다. 아이들이 성장하고 있다는 것을 실감했고, 쩨다카를 시작하기 정말 잘했다는 생각이 들었다. 아이들의 기특한 제안으로 시작된 자랑스러운 나눔 발자취를 모아보았다.

〈인도네시아 강진 긴급 구호〉
재빠르게 후원에 동참하다

"선생님, 인도네시아 사람들 돕는 쩨다카는 안 해요?"

2018년 가을, 한 아이가 등교하자마자 다가와 다급하게 말을 꺼냈다. 인도네시아를 강타한 지진으로 살아갈 터전을 잃고 우왕좌왕하는 사람들 모습을 인터넷에서 봤다는 것이다. 도우려는 마음이 기특하기도 했고 지구 저편의 사회 문제에 관심을 가질 좋은 기회라 여겨 아이의 제안을 받아들이기로 했다.

먼저 관련 뉴스를 보여주며 인도네시아 상황을 짚어보았다. 지진과 쓰나미가 집, 학교, 도로까지 휩쓸고 지나가면서 1,400여 명이 죽고 2,500여 명이 크게 다쳤다. 7만 명이 넘는 이재민은 하루하루를 위태롭게 버티고 있었다.

큰 재해가 일어났을 때는 적절한 초기 대응이 잘 이뤄져야 더 큰 희생을 막을 수 있다. NGO 홈페이지들마다 긴급 구호 팀을 현장에 파견한다는 소식이 올라와 있었다. 유엔난민기구에서도 보호전문가로 구성된 긴급 구호 팀을 파견하여 임시 거처 마련, 긴급 구호 물품 전달,

긴급 의료 서비스를 제공 하고 있었다. 아이들과 유엔난민기구를 통해 인도네시아 사람들을 후원하기로 결정하고 '긴급 모금'을 시작했다. 연일 뉴스에서 이 소식을 크게 다루는 만큼 아이들의 높은 관심 속에서 모금이 진행되었고, 재해 복구가 신속하게 이루어지기를 바라는 마음을 담아 후원금을 전달했다.

〈강원 산불 이재민 돕기〉 강원 산불 피해 주민을 위해 마음을 모으다

2019년 4월 강원도에 큰 산불이 발생했다. 건조한 날씨와 강한 바람 탓에 불길은 산등성이를 넘어 속초 시내까지 확대되어 지켜보는 사람들의 마음도 함께 타들어 가게 했다. 전국 각지 소방관들, 산림청, 경찰청, 지자체, 군부대까지 나서서 산불 진화에 힘썼으나 조성된 숲뿐 아니라 집, 농업시설, 학교, 공공시설을 할퀴고 지나갔다.

우리나라에서 발생한 일인 만큼 아이들은 큰 관심을 갖고 있었다. 한 아이가 주민들을 위한 후원을 제안했을 때 다른 아이들의 전폭적인 지지를 받아 후원을 시작하게 되었다. 기사와 뉴스를 통해 산불 진압 상황, 피해 주민들의 상황을 지속적으로 살피며 모금 활동을 진행했다. 후원금은 강원 피해 주민에게 긴급 구호 물품과 아동용 긴급 구호 키트를 지원하고 있는 굿네이버스에 전달했다.

〈화상환자 치료 지원〉 화상으로
고통받는 분들에게 위로를 전하다

화재 대피 훈련에 앞서 화재 예방 교육을 하고 있을 때였다.

"또 나가요? 저번에도 했는데."

비상벨과 경보음이 울리면 운동장까지 나갔다 오는 것이 귀찮아 죽겠다는 표정이었다. 1학년 때부터 매년 진행되는 재난 대피 훈련, 민방위 훈련이 지겨웠던 것이다. 위급 상황에서는 당황해서 판단 능력이 흐려지기 때문에 대피 요령을 몸으로 익혀놓는 것이 중요하다고 해도 수긍하는 눈빛은 아니었다.

오히려 훈련보다는 화상 응급 처치 요령에 관심을 보였다.

"라면 냄비 옮기다가 발에 쏟아서 엄청 큰 물집이 잡혔었어요."

"주전자에서 나오는 수증기를 손으로 막았다가 데였어요."

아이들마다 크고 작은 화상을 입었던 이야기를 꺼내기 시작하면서 금방 시끌벅적해졌다. 뜨거운 물이 쏟아져 껍질이 크게 벗겨진 것, 물집이 간질거려서 참기 힘들었다는 경험담이 오고갔다.

관심을 보인 김에 화상 치료에 대해 좀 더 배우는 시간을 가졌다. 화상을 입었을 때는 피부의 열기를 빼주기 위해 흐르는 찬물에 식혀주는 것이 좋지만 얼음을 직접 대면 안 된다는 것, 물집이 터졌을 때 물로 씻으면 안 되고 감염을 막기 위해 깨끗한 거즈로 덮어준 후 치료를 받아야 한다는 것, 화상 입은 부위의 옷은 가위로 잘라 제거하는 것이 좋고, 옷이 피부에 달라붙었을 때는 강제로 벗기지 말아야 한다는 처치법을 진지하게 익혔다.

심한 화상을 입었을 경우 여러 차례 피부이식 수술을 받아도 화상 입은 곳의 피부가 예전으로 돌아오기 힘들다고 말해주었더니 분위기가 숙연해졌다. 화상은 여러 번의 수술과 지속적인 치료를 받아야 해서 비용이 많이 든다고 했더니 화상 환자분들을 위해 쩨다카를 하고 싶다고 했다.

기꺼운 마음으로 후원할 수 있는 곳을 찾다가 '함께하는 사랑밭'을 알게 되었다. 사랑밭은 복지 사각지대에 놓인 이웃들을 찾아가 새로운 삶을 찾아주는 활동을 하는 NGO다. 화상 치료 지원 사업도 그중 하나였다.

홈페이지를 살펴보며 화상 환자의 상황에 대해 더 많은 것을 알게 되었다. 수술 후 회복할 때까지 경제활동을 못 하기 때문에 수술비뿐 아니라 생계비 지원도 필요하다는 것, 화상 연고를 꾸준히 발라주지 않으면 잠을 제대로 못 잘 정도로 고통에 시달리기 때문에 화상 연고가 지속적으로 필요하다는 것도 알게 되었다. 화상을 입은 분들이 고통에서 하루빨리 벗어나기를 바라며 후원금을 모아 전달했다.

〈희귀병 어린이 돕기〉 〈소아암 어린이 돕기〉 고통받는 아이에게 힘이 되어주다

"어제도 저랑 놀이터에서 놀았는데! 감기 걸렸다는 것 꾀병 아니에요?"

학교에 오지 않았다는 사실이 부러워 툭 튀어나온 말이었다. 하지만 학교 안 가고 집에서 게임이나 실컷 했으면 좋겠다고 노래를 부르던 아이들도 막상 독감이나 눈병에 걸려 며칠 동안 등교를 못 하면 심심하다며 학교에 가고 싶어 한다.

학교에 며칠 못 나오는 것도 이렇게 갑갑한데 아예 학교를 다니지 못하는 아이의 마음은 어떨까? 병원 가운을 입고 있는 아이들을 보면 괜히 미안해진다. 자유롭게 뛰어다니고, 호흡기 없이 마음껏 숨을 쉬고, 약 없이 밥만 잘 먹어도 건강한 '일상'을 누릴 수 있다는 것이 얼마나 감사한 일인지를 새삼 깨닫게 된다.

아이들에게 아픈 아이들에 대한 이야기를 해주었더니 너도나도 그 아이들을 꼭 돕고 싶다고 했다. 이왕 돕는 거라면 아픈 아이들의 고통을 다 헤아릴 수는 없겠지만 조금이나마 도움이 되는 방법을 고민해 보고 싶었다.

국내외 아동복지 사업을 펼치고 있는 초록우산 어린이재단 홈페이지에 방문했다. 캠페인 포스터에 '아파'라는 단어가 유독 눈에 띄었다. 희귀질환을 앓고 있는 아이들이 "엄마, 아빠"보다 먼저 배우는 말이란다. 집보다 병원이 익숙하고 장난감보다 주삿바늘이 익숙한 아이들이라는 말에 마음이 묵직해졌다.

아이들은 몸의 절반 이상이 까만 점으로 덮인 채 태어난 아기가 피부를 절개해 늘려가는 고통스러운 수술을 여러 차례나 받아야 한다는 것을 알고 경악을 금치 못했다. 저산소성 허혈성 뇌증과 신생아 호흡곤란 증후군으로 고통받는 아기. 듣기만 해도 생소한 병으로 고통받는 아기에 대해 듣자 얼굴이 잔뜩 어두워졌다. 병인급성 림프구성 백혈병을 진단받고 병과 싸우는 어린 동생을 쓰다듬어 주고 싶다는 아이들도 있었다.

쩨다카 자선함에 어린 동생들이 빨리 낫기를 바라며 동전을 넣었고, 모인 후원금은 초록우산 어린이재단으로 보냈다.

어린이도 암에 걸린다는 이야기를 들었다는 아이 덕분에 다른 아이들도 소아암을 앓고 있는 또래 친구들에 대한 관심이 생겼고 후원을 하고 싶어 했다. 한국백혈병 어린이재단 홈페이지에 방문하여 도울 수 있는 방법을 찾았다. 후원금으로 치료비 지원, 소아암 센터와 쉼터 마련, 전문심리상담, 가족 프로그램, 가발 및 물품 지원에 보탬이 될 수 있었다. 모은 액수는 적었지만 병과 싸우는 아이들에게 힘이 되길 바라며 후원금을 전달했다.

〈소외 계층 아이들을 위한 도서 지원〉
책으로 더 큰 세상을 만나기를 바라며

독서포럼나비 모임에서 일 년에 한 번 진행하는 '단무지 MT'를 다녀온 후 반 아이들과 매년 온종일 책 읽기를 진행하고 있다. 단무지는 '단순 무식 지속적 책 읽기'라는 뜻인데, 책 읽기 날 이름도 매년 아이들이 직접 지었다. '무근지 Day' 무지개처럼 근사하고 지혜롭게 책 읽는 날, '소시지 Day' 소중한 시간을 책 읽기에 지혜롭게 쓰는 날, '대추차

Day' 대견한 담쟁이들과 선생님이 함께 책을 읽으며 추억을 쌓는 차처럼 따뜻하고 달콤한 날, '붕어빵 Day' 붕붕 날아다니는 것처럼 어린이만의 상상력을 발휘하여 빵처럼 창의력이 부풀어 오르는 날.

온종일 책 읽기 행사를 준비하면서 이런저런 이야기를 나누다가 '내 책'을 한 번도 가져보지 못한 아이의 이야기를 접했다. 책을 읽는다면 부모님이 기쁘게 책을 사준다는 것을 아는 아이들은 '책을 갖지 못한다'는 아이들이 있다는 사실에 안타까워했다.

한 아이가 책을 지원하면 어떤지 제안했다. 돕고 싶다는 마음이 꺾이지 않도록 도서를 지원할 수 있는 곳을 찾아보았고 나눔코리아를 통해 후원할 수 있다는 것을 알아냈다. 아이들은 받는 친구들 입장에서 생각해 보더니 책을 사서 전달하는 것보다 필요한 책을 살 수 있도록 후원금으로 전달하자는 의견을 냈고, 후원금을 모아서 보냈다. 우리 반 아이들의 진심이 소외 계층 아이들이 꿈을 꾸는 데 조금이라도 보탬이 되었기를 바란다.

〈난민 아동보호 캠페인 후원〉 난민 어린이에게 따뜻한 마음을 선물하다

아이들은 '난민'이란 말은 들어봤는데 어떤 사람들을 난민이라고 하는지, 난민이 왜 생기는지 잘 모르고 있었다. 박진숙의 『세계시민수업 1-난민』을 읽으며 궁금한 점을 살펴보았다. 난민은 박해를 피해 자신의 나라를 떠나와 자기 나라로 돌아갈 수 없는 사람이다. 어려운 일을 당해 잠시 보호와 도움을 받으러 온 손님이라고 생각하면 이해가 쉬울 것이다. 난민은 정치나 종교 박해, 인종차별, 전쟁 등의 다양한 이유로 목숨을 걸고 국경을 넘으면서 생긴다.

난민 수업을 진행하면서 엄청난 난민의 수에 한 번 놀라고, 오랫동안 고향으로 돌아가지 못하고 있다는 사실에 또 한 번 놀랐다. 국가의 보호를 더 이상 받지 못하게 된 사람들은 다른 국가의 보호라도 받기 위해 필사적으로 '난민 신분'을 얻어야 한다. 그마저도 얻지 못하면 교육, 의료, 지원 혜택에서 밀려날 수밖에 없었다. 지극히 평범한 일상을 살아오던 사람들이었다. 이들 중 자신들이 하루아침에 난민이 될 거라 생각한 이들은 없었다.

"난민들이 어떤 이유로 탄압을 받는지, 또 어떤 생명의 위협을 받으면서 국경을 넘는지에 대해 우리가 알아야 합니다. 이것에 대해 아는 것이 모든 문제를 해결하는 첫 단추가 된다고 생각합니다."

유엔난민기구 친선대사인 배우 정우성이 자신의 책『내가 본 것을 당신도 볼 수 있다면』에서 난민에 대한 관심을 촉구하며 했던 말이다.

유엔난민기구는 전 세계에서 발생하는 난민을 보호하고 난민 문제를 해결하기 위해 1949년 유엔총회에서 창설한 기관이다. 우리나라도 1992년에 우리나라에 오는 난민들을 보호하고 지원하겠다는 국제 난민 협약에 가입했다.

난민에 대한 관심이 높아지면서 난민 어린이를 돕고 싶다는 아이들이 많아졌다.

난민을 어떻게 도울 수 있을지 알아보기 위해 유엔난민기구 홈페이지를 살펴보았다. 긴급 구호의 손길을 필요로 하는 곳만 해도 시리아, 로힝야, 베네수엘라, 예멘이 있었다. 후원 방법도 긴급 구호, 난민 여성 돕기, 생명을 지키는 선물하기 등 여러 가지였다. 전부 후원하고 싶었지만 아이들이 안전하고 건강하게 지속적으로 교육을 받기를 바라는 마음을 담아 난민 아동보호 캠페인에 후원했다. 난민들이 '난민'이라는 꼬리표를 떼고 자신들의 고향으로 돌아가게 되는 날이 얼른 오기를 바라면서.

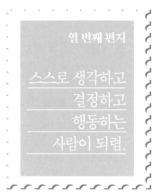

스스로 생각하고
결정하고
행동하는
사람이 되렴.

알고 있니? 10년 전 선생님의 모습은 지금과 같지 않았어. 훨씬 더 인내심이 없고, 자주 화를 내는 사람이었단다. 너희 선배들과 감정의 줄다리기도 자주 했어. 그때는 선생님도 잘못이 있다는 것을 인정하지 못하고 제자들 탓을 더 많이 했단다.

그런데 책을 깊게 읽기 시작하고 독서모임을 통해 좋은 사람들을 만나면서 많이 달라졌어. 교육에 대한 가치관도 바뀌기 시작했단다. 선생님이란 존재가 아이들에게 끼칠 수 있는 영향이 엄청나다는 것을 새삼 깨닫게 되면서 절로 어깨가 무거워졌어.

가치관이 바뀌고 나니 너희가 더 이상 열두 살 학생으로만 보이지 않았어. 10년 후, 20년 후, 그 너머의 너희들의 모습이 겹쳐 보였단다. 미래 너희 모습을 상상하며 너희에게 어떤 이야기를 들려줘야 할지, 무엇을 가르쳐줘야 할지 신중하게 고르게 되었지.

선생님에게 주어진 일 년. 짧다면 짧고 길다면 긴 시간이지. 함께 도전해 보고 싶은 일을 잔뜩 남겨놓은 채로 헤어져야 하는 짧은 시간이지만 또 우리 인생의 새로운 페이지를 쓰기에는 결코 짧지 않은 시간이야.

기억하니? 선생님이 일 년 동안 자주 했던 두 가지 말.

"선생님 품을 떠나게 되면 말이야……."

"스스로 생각하고 결정하고 행동하는 사람이 되렴."

금방이라도 너희 곁을 떠날 사람처럼 말하는 선생님을 의아하게 보곤했지. 너희가 당당하게 주체적으로 삶을 살아나가는 사람으로 성장하길 바라는 마음에서 한 말들이야. 선생님의 다른 잔소리는 잊어도 이 두 가지는 꼭 깊이 새기고 기억했으면 해.

너희는 일 년 내내 지겨울 정도로 묻고 또 물었지. 공부를 해야 하는 이유, 책을 읽고 토론하는 이유, 끊임없이 의문을 가지고 질문해야 하는 이유, 다른 사람을 도와야 하는 이유를 말이야.

그때마다 아주 쉽게 "선생님이 시켜서요"라고 말하는 친구가 있었어. 그 말은 남에게 책임을 미루는 것이란다. 잘되면 좋은 것이고 안 되면 그걸 시킨 사람을 탓하는 거지. 자기 말과 행동의 결과에 책임지는 사람이 되었으면 좋겠어. 선생님이 시켜서가 아니라 너희가 하고 있는 모든 활동들에서 너희만의 '의미'와 '이유'를 찾기 바란단다.

이제 곧 너희들은 선생님 품을 떠날 거고 부모님 품을 떠날 날도 온단다. 홀로 설 때 스스로 당당하게 빛나는 사람이 되었으면 좋겠어.

기존의 틀 안에서 시키는 대로만 하는 사람이 아니라
새로운 플랫폼을 구축하고 제안하는 사람이 되렴.

변화에 끌려 다니지 않고
변화를 주도하고 만들어가는 사람이 되렴.

온전한 자유에는 온전한 책임이 따른단다.

책임을 지려는 사람에게 자기 결정권이 주어지고

자유는 스스로 결정할 수 있는 사람이 누릴 수 있는 거란다.

책임의 무게는 결코 가볍지 않지만

자유의 가치는 그 이상이 될 거야.

자 이제, 한 걸음씩 내디뎌 보렴.

내면의 빛이 넘쳐 세상을 빛나게 하는 사람이 되길 바란다.

쩨다카의 주인공들,
나눔에 대해 이야기하다

쩨다카로 달라진 우리들

〈실천 전〉

"아니, 후원할 바에 나 좀 용돈이나 올려주지.
웬 후원??"

〈실천 후〉

"내가 후원하는 곳이다.(으쓱)
앞으로 용돈 50% 투자해야지."

- 처음에는 진짜 쩨다카를 왜 하는지 몰랐다. 근데 점점 하면서 '아……
삶은 나누면서 살라고 있는 것이구나' 하고 깨달았다. 내가 점점 나눔
에 가까워지는 느낌이다.

- 나눔이 좋아졌다. 돈으로 얼마나 도와줄 수 있는지, 다른 사람을 도울
수 있는 돈의 소중함도 알게 되었다. 너무 좋은 시간이었고, 그 시간이
가버린 것이 너무 아깝다.

〈실천 전〉

"아니, 내가 쓸 돈도 없는데 뭔 쩨다카야."

〈실천 후〉

"쩨다카를 하니까 너무 뿌듯해.
용돈을 더 모아야겠어!"

- 원래는 마음속에 나눔이라는 게 아예 없는 줄 알았는데, 내 안에도 나눔이 있어서 다행이다. 쩨다카를 통해 나눔이라는 것을 새롭게 알게 된 내가 자랑스럽다.

- 처음에는 나 자신보다 먼저인 것은 없다고 생각할 때가 많았다. 쩨다카를 실천하면서 다른 사람이 먼저라고 생각할 때가 많아진 것 같다. 그리고 아주 작은 것이라도 다 함께 나누는 사람이 된 것 같다.

〈실천 전: 짜증 남!〉
"친구들이랑 놀아야 해서 돈 없는데.
대충 선생님 돈으로 하지 뭐~"

〈실천 후: 뿌듯함!〉
"전화도 하고 돈을 주고 도와준 (내) 모습이
뿌듯한데. 앞으로도 계속해야지."

- 쩨다카는 정말 좋은 의미를 가지고 있는 것 같다. 왜냐하면 쩨다카 하나로 나에게 나눔이라는 목적이 생겨난 것이니까. 앞으로도 쩨다카를 소중히 여기며 부모님과 같이 쩨다카를 해봐야겠다.

- 쩨다카를 하다 보니까 나도 모르게 집 앞 편의점 모금함에 돈을 넣게 되었다. 나눔을 실천하지 않던 내가 쩨다카를 꾸준히 하다니. 행복감 덕분인 것 같다.

- 내가 모르던 나눔 하는 사람들을 많이 알게 되었다. 이것저것 나눔과 연결 지어 생각하게 되었고 나눔이 좋아졌다.

〈실천 전〉
"난 어린이인데 후원을 어떻게 해?
내 용돈에서 후원할 돈은 없어."

〈실천 후〉
"난 돈이 생기면 후원금을 따로
모아둘 거야."
(※실제로 동전지갑을 따로 마련하여
쩨다카를 위한 돈을 모았음)

- 전에는 '이런 거 왜 하지? 그 사람들이 일해서 벌면 되지 않나?'라고 생각했는데, 이제는 구세군을 보면 돕고 싶다. 내 돈으로 돕는 게 아깝다고 생각했는데 이제는 내 돈으로 못 할 때는 아쉽다.

- 쩨다카를 실천하면서 여러 후원 기관과 후원할 수 있는 방법을 알게 되었다. 지출 계획을 세울 때 누구를 도울지 더 고민하게 되었다.

- 쩨다카는 나의 마음가짐을 다르게 해주었다. 쩨다카 넣을 동전을 챙길 때 달달한 사탕 같은 행복을 느꼈다. 앞으로 내가 어떻게 바뀔지 상상도 안 된다. 시간을 돌려서 나눔 하는 일 년을 다시 시작하고 싶다.

쩨다카 실천 일 년 차
아이들이 질문에 답하다

〈질문 1〉 어느 부모님의 고민

"우리 아이는 먹을 것이 있어도 친구부터 나눠줘요. 퍼주기만 하다가 자기 것도 못 챙길까 봐 걱정이에요. 우리 아이 이대로 괜찮을까요?"

▶ 아이들이 답하다

- 만약 자신이 원해서 친구에게 주는 것이면 불안해하지 않아도 된답니다. 그 아이에게 도움을 받은 적이 있는 아이들이 자신이 받은 도움을 생각하며 도움을 줄 수도 있기 때문이에요.
- 그 점은 정말 좋은 거예요. 남을 도와주면 그 아이도 뿌듯해할 거고 어른이 되어서 존경스러운 대상이 될 수도 있어요. 친구들도 도우면서 아마 자기 자신을 잘 챙길 거예요. 왜냐하면 남을 도와줄수록 자기 자신도 어떤 것을 잘 챙겨야 할지, 시간이 갈수록 자기 자신에 대해 더 알 수 있으니까요.

- '퍼준다'는 말보다 '함께 나눈다'라는 표현이 맞는 것 같아요. 자기 것을 못 챙겨도 걱정하지 마세요. 사람을 먼저 챙기는 법을 이미 알고 있네요.
- 친구들에게 무언가를 계속 나누어준다는 건 그 아이가 친구들을 좋아하고 사랑하는 마음이 있다는 거예요. 나 자신보다 친구를 더 먼저 생각하고 존중하는 아이라서 그런 것 같아요.
- 자기 것만 이기적으로 챙기는 것보다 착한 것이 더 나아요. 다른 사람에게 베풀면 그 선한 행동이 두 배, 세 배가 되어 돌아올 거예요. 너무 걱정하지 마세요.
- 세상에 자신보다 남을 먼저 생각하는 아이는 별로 없어요. 남을 먼저 생각하는 모습은 정말 특별한 거랍니다. 이득이 있어야만 나눔을 실천하는 것은 아니에요. 배려를 많이 하고 나눔을 실천하면 뿌듯함을 느낄 수 있어요.

<질문 2>

"우리나라에도 어려운 사람들이 많은데 해외에 있는 사람들까지 도와야 하나요?"

▶ 아이들이 답하다
- 국내뿐 아니라 해외에 기부해야 이 세계가 더 잘 돌아가고 발전할 수 있지 않을까요? 국내에서는 직접 가서 도울 수도 있지만 해외는 그러기가 어려우니 후원금을 보내는 것으로 도울 수 있어요. 해외에 있는

사람들은 그 나라에서 태어나고 싶어서 태어난 것도 아닌데 오직 국적 때문에 후원받지 못한다면 너무 아쉽다고 생각해요.

• 우리는 한 행성에 다 같이 살고 있고, 재난이 일어났을 때도 서로를 돕고 존중하며 지내야 한다고 생각해요. 해외의 어려운 아이들을 도와준다면 그 아이들은 성장해서 훌륭한 직업을 갖게 될 거예요. 그러면 그 나라가 발전하게 되고, 우리나라도 함께 발전할 수 있을 거예요.

• 나눔은 많이 할수록 좋은 것이라고 생각합니다. 우리나라, 해외를 구분 짓지 않고 어려운 사람이니까 돕는 거죠. '우리가 아니면 누가 이 세상을 돕겠어?'라는 생각으로 나눔을 실천해야 해요.

〈질문 3〉

"도와준 사람이 전혀 고마워하지 않아요. 계속 나눔을 실천해야 할까요?"

▶ 아이들이 답하다

• 상대방이 표현하는 것이 부끄러워서 고마운 마음을 겉으로 표현하지 않는 것일 수도 있어요. 만약 정말 고마워하지 않는다고 해도 괜찮아요. 내 마음이 시켜서 한 일이잖아요. 나눔에 대한 무언가를 기대하고 있다면 그것은 진정한 나눔이 아닙니다.

• 나눔은 칭찬, 감사를 받으려고 하는 것이 아니랍니다. 그러니까 계속 나눔을 실천하세요. 상대방이 나눔을 눈치 못 채서 아쉽다면 더 좋아

하세요. '상대방 모르게 도와서 좋다'는 긍정의 마인드를 심는 거죠.

- 상대가 고마워하면 조금 더 뿌듯할 수도 있겠지만, 그렇지 않더라도 상관없다고 생각하세요. 도와준 사람이 어려움에서 조금이라도 벗어난 것을 보는 것만으로도 충분히 감사하고 행복한 마음이 들 거예요.

- 상대가 고마워하지 않는다면 당연히 속상하겠지만 포기하지 마세요. '스스로' 나눔을 통해 생명을 살리는 선택을 한 거예요. 그것만으로도 충분하죠.

〈질문 4〉

"돈도 시간도 없어서 다른 사람을 도와줄 여유가 없어요. 나눔, 이럴 때도 해야 할까요?"

▶ 아이들이 답하다

- 꼭 돈과 시간으로만 도울 수 있는 것은 아니에요. 우리 집에 필요 없는 물건으로도 도울 수 있어요. 나눔을 실천하지 않는 것은 그냥 하기 싫어서라고 생각해요. 옆에서 말동무해 주는 것만으로도 나눔을 실천할 수 있어요. 마음으로, 말로, 편지로, 문자로 내가 가진 재능으로도 나눔을 할 수 있어요.

- 도와주고 싶지 않으면 하지 않아도 돼요. 그런데 그건 아마 손해 보는 것일 거예요. 이웃과 나눌수록 나도 좋고 이웃도 좋고 더더욱 친해질 수 있잖아요.

- 부자라서 큰돈, 큰 물건을 나누는 것이 아니라 조금이라도 아끼고 모아서 나누는 게 진정한 나눔입니다. 100원, 200원 이렇게 모으다 보면 어느새 점점 기부금이 많아지겠죠?
- '나'만 보지 말고 '다른 사람'도 보세요. 내가 다른 사람을 위해 할 수 있는 일이 한 가지는 있을 거예요.
- 어려운 사람들은 무슨 죄인가요? 모두가 함께 사는 세상이니까 같이 나누고 사는 것이 중요하다고 생각해요. 그래도 싫으면 누구에게 도움을 받은 적이 있는지 생각해 보세요. 이기적인 마음을 없애고 함께 나눠보아요.
- 어려워도 서로 돕고 살면 결국 함께 잘 먹고 살 수 있을 것 같은데요? 서로 힘을 보탤수록 사람들이 뭉쳐서 더 큰 힘이 생길 거니까요.

앞으로 쩨다카를 실천할 사람들에게
해주고 싶은 말

- 돕는 사람을 불쌍하게 여기지 말고, 존중하는 마음으로 진심을 다해서 쩨다카를 해주세요.
- 쩨다카는 내가 선택해서 자신의 의지로 해야 해요.
- 누구를 돕는지, 왜 도와야 하는지 고민하면서 도와야 진짜 의미 있게 돕는 거예요.
- 적은 돈이라도 중요하게 여기고 진심으로 나눠주세요. 그냥 돈만 후원하는 건 진짜 후원이 아니라고 생각해요. 그 사람의 마음도 공감하며 후원해 주세요.
- '내가 착하니까 돕는다'는 생각은 하지 말아주세요. 겸손한 마음으로 해주세요.
- 대가를 바라고 나눔을 하지 마세요. 저도 원래 뭔가를 하면 대가를 받아야 한다는 생각을 했었어요. 받는 사람이 행복해하는 모습을 보고 뿌듯함을 느끼는 것이 진정한 나눔이라고 생각해요.
- 나눔을 할 때는 주변 사람들의 부정적인 말에 신경 쓰지 말고, 자신의 마음을 따라가 보세요. 주변 사람들의 부정적인 말에 휘둘려 나눔을

안 하게 되면 도움이 필요한 사람을 돕지 못하게 되니까요.

- 쩨다카를 할 때는 "아, 귀찮아"라는 생각보다 "이 돈을 받는 사람들이 행복해졌으면 좋겠다", "적은 돈이라도 좋게 쓰이면 좋겠다"라는 생각으로 해보세요.

- 받는 사람이 너무 부담스럽지 않게 해주세요. 상대의 마음을 헤아리는 것도 중요해요.

그럼에도 불구하고 '나눔'

"앞으로 내가 어떻게 바뀔지 상상도 안 된다. 시간을 돌려서 나눔 하는 일 년을 다시 시작하고 싶다."

일 년 동안 쩨다카 활동을 함께한 아이가 한 말이다. 쩨다카를 하는 한 해를 더 보내고 싶다니. 벅차오르는 감동을 주체할 수 없었다.

교사가 되길 잘했다는 생각이 드는 순간들이 있다. 아이들에게 좋은 영향력을 주고 있다고 생각될 때다. 아이들이 긍정적으로 변해가는 모습을 보면 나도 좀 괜찮은 교사가 된 것 같아 뿌듯해지곤 한다.

학교에서 아이들을 마주하다 보면 하루에도 몇 번씩 마음이 요동을 친다. 아이들에게 화가 나고, 실망할 때도 있고, 스스로 좋은 교사인지 의문을 품으며 자신감을 잃을 때도 있다. 하지만 아이들과 쩨다카를 시작하면서 교사가 된 보람을 더 자주 느낄 수 있었다.

내가 만난 아이들은 더 좋은 사람이 되고 싶어 했다. 쩨다카를 시작하면서 나눔의 가치를 알게 되고, 매일 나눔을 실천하면서 자신 안에 있던 선한 면들을 꺼내놓았다. 작은 말과 행동도 상대에게는 큰 힘이 된다는 사실에 기뻐했다. 자신이 다른 사람에게 필요한 존재라는 것에 행복해했고 어려운 사람을 돕는 것을 즐기게 되었다.

　더 나은 세상을 만들기 위해 애써야 한다는 '티쿤올람' 정신이 아이들에게 자칫 거대하고 추상적으로 느껴질 수 있다. 하지만 아이들은 이미 쩨다카를 통해 세상의 온도를 따뜻하게 높이고 있었다.

　지금이야 아이들에게 나눔의 중요성을 강조하고 있지만 나도 나눔을 잘 실천했던 사람은 아니다. 나눔을 하는 사람은 나와는 다른 특별한 사람이라고 생각했었고, 나눔에 큰 관심을 갖지 않았던 때가 있었다.

　'나'에게만 집중해서 삶을 살아가던 나에게 나눔을 가르쳐준 사람들이 많았다. 버스를 타고서야 교통카드를 안 챙겨왔다는 것을 알았을 때 망설임 없이 두 명 찍어달라고 했던 낯선 사람, 몇 년째 아동결연 후원을 꾸준히 하고 있는 친구, 자신이 알고 있는 것은 어떻게든 알려주고 싶어 하는 독서포럼나비 독서모임 선배님들, 나열하자면 끝도 없다. 이들을 통해 누군가에게 도움을 주는 사람이 되고 싶다는 열망이 생겼다.

　이러한 열망을 구체적으로 실현시킬 수 있게 영향을 주신 분들도 많다. 가진 것을 열심히 나눠야 한다고 늘 강조하신 3P자기경영연구소 강규형 대표님, 쩨다카에 대해 깊이 있게 알려주시고 나눔 활동을 지지해 주신 탈무드원전연구소 김정완 소장님, 쩨다카 실천 아이디어를 주신 더나음연구소 심정섭 선생님, 늘 좋은 것이 있으면 나눠주시고 든든한 지지자가 되어주신 이인희 선생님, 쩨다카 방법을 함께 고민해 온 우리 반 아이들, 따뜻한 격려를 보내주신 학부모님 덕분에 쩨다카를 꾸준히 실천해 올 수 있었다.

쩨다카를 시작할 때와 마무리할 때 한 번씩 읽어주는 동화책이 있다. 오브리 데이비스의 『단추 수프』다. 추운 겨울, 사람들의 도움을 받기 위해 찾아간 마을 사람들은 거지를 냉정하게 문전박대한다. 아무런 도움을 받을 수 없었던 거지는 묘안을 낸다. 단추로 수프를 끓이는 기적을 보여주겠다고 소문을 내고 호기심에 모여든 사람들 앞에서 커다란 냄비에 단추를 넣고 끓이기 시작한다.

거지는 지혜를 발휘하여 맛있는 수프를 기대하는 사람들에게 수프를 끓이는 데 필요한 도구와 재료를 자발적으로 가져오게 한다. 결국 맛있는 수프가 완성되고 마을 사람들은 수프를 즐겁게 나눠 먹는다. 단추 덕분에 수프가 완성되었다고 믿는 사람들은 거지가 떠날 때 더 좋은 청동 단추를 주고 거지가 가지고 있던 단추를 얻어낸다.

쩨다카는 나눔을 적극적으로 동참하게 하는 '단추'와 같은 역할을 했다. 마을 사람들은 단추가 있으면 모두가 배불리 먹을 수 있는 수프를 끓일 수 있다고 믿고 자신이 가진 것을 기꺼이 내놓았다. 아이들도 쩨다카를 통해 어려운 사람들의 삶이 더 좋아질 것을 기대하고 꿈꾸며 매일 자신이 가진 것을 나누었다.

그리고 이러한 꾸준한 나눔을 통해 아이들은 더 좋은 사람으로 성장해 갔다.

나 말고 다른 사람을 들여다볼 줄 아는 아이
다른 사람에게 손을 내밀어 사랑을 나눠주는 아이

다른 사람을 존중하고 상대 입장에서 생각하는 아이

다른 사람을 신뢰하고 다른 사람으로부터 신뢰받는 아이

인내심과 책임감을 길러 역경을 이겨낼 힘을 갖게 되는 아이

세상 문제에 관심을 갖고 그 문제를 해결하기 위해 노력하는 아이

자신을 사랑할 줄 알고, 자신이 가치 있는 사람이라는 것을 깨닫는 아이

막상 나눔을 시작하려면 가로막는 것들이 많다. 나눔의 필요성이 마음에 와닿지 않을 수도 있고, 나눔의 경험이 없어 망설이게 될 수도 있다. 하지만 이 모든 생각들과 상황에도 불구하고 나눔을 시작했으면 좋겠다.

나눔을 실천하며 더 많은 부모님과 자녀, 선생님과 제자들이 함께 더 좋은 세상을 만들어갔으면 좋겠다.

책 속 책 목록

추천사

박영숙·제롬 글랜,『세계미래보고서 2021, 포스트 코로나 특별판』, 비즈니스북스

CHAPTER 1. 우리 아이 인성 괜찮은가?

1. 아이들의 인성이 무너지고 있다

    루스 실로,『유태인은 자녀를 이렇게 키운다』, 시간과공간사

    루스 실로,『유태인의 자녀교육』, 나라원

    사라 이마스,『유대인 엄마는 회복탄력성부터 키운다』, 위즈덤하우스

    심정섭,『1% 유대인의 생각훈련』, 매일경제신문사

    정혜신,『당신이 옳다』, 해냄

2. 인성이 바로 서야 아이가 바로 선다

    KBS 〈세상을 바꾸는 9번째 지능〉 제작팀,『9번째 지능』, 청림출판

    공자,『논어』, 홍익출판사

    김란주,『커다란 악어알』, 파란자전거

    김선호,『초등자존감의 힘』, 길벗

    백지연,『무엇이 되기 위해 살지 마라』, 알마

    앤서니 브라운,『돼지책』, 웅진주니어

    최효찬,『현대 명문가의 자녀교육』, 예담

CHAPTER 2. 유대인은 어떻게 인성 교육을 하는가?

1. 탁월한 아이로 키우는 유대인의 교육

    대니얼 코일,『탤런트 코드』, 웅진지식하우스

    유현심,『유대인에게 배우는 부모 수업』, 성안북스

    유현준,『어디서 살 것인가』, 을유문화사

    이승헌,『대한민국에 이런 학교가 있었어?』, 한문화

최인철,『프레임』, 21세기북스

2. 동전 한 닢으로 인성을 일구는 유대인의 나눔 교육

리브카 울머 · 모쉐 울머,『하브루타 삶의 원칙 쩨다카』, 한국경제신문

앙투안 드 생텍쥐페리,『어린왕자』, 새움

유현심 · 서상훈,『유대인에게 배우는 부모수업』, 성안북스

3. 질문과 토론으로 실천적 인성을 기르는 유대인의 교육

이일우 · 이상찬,『인성하브루타가 답이다』, 피스미디어

장화용,『들어주고, 인내하고, 기다리는 유대인 부모처럼』, 스마트비즈니스

전성수,『자녀교육혁명 하브루타』, 두란노

하임 편집부,『피르케이 아보트』, 하임

헬렌 리스,『최고의 나를 만드는 공감 능력』, 코리아닷컴

CHAPTER 3. 아이들과 함께 나눔을 준비하다

1. 왜 나눔을 해야 하나요?

기시미 이치로,『미움받을 용기』, 인플루엔셜

김정완,『질문 잘하는 유대인 질문 못하는 한국인』, 한국경제신문

다니엘 디포,『로빈슨 크루소』, 시공주니어

알렉스 헤일리,『뿌리』, 열린책들

최진석,『탁월한 사유의 시선』, 21세기북스

클레어 레웰린,『왜 나누어야 하나요?』, 함께읽는책

하쿠호도 생활종합연구소,『생활자 발상학원』, 한국능률협회컨설팅

한상남,『간송 선생님이 다시 찾은 우리 문화 유산 이야기』, 샘터

2. 우리도 나눔을 할 수 있어요

곽영미,『나눔으로 세상을 바꿀 수 있어요』, 스코프

구리 료헤이,『우동 한 그릇』, 청조사

김하늘,『세상에서 가장 쉬운 일, 자원봉사』, 토토북

레이프 크리스티안손,『우리가 할 수 있는 것』, 고래이야기

로버트 루트번스타인 · 미셸 루트번스타인,『생각의 탄생』, 에코의서재

로버트 풀검,『내가 정말 알아야 할 모든 것은 유치원에게서 배웠다』, 알에이치코리아

벤저민 하디,『최고의 변화는 어디서 시작되는가』, 비즈니스북스

이향안,『나눔으로 따뜻한 세상을 만든 진짜 부자들』, 현암주니어

전성실, 『살아 있는 것도 나눔이다』, 착한책가게

제임스 클리어, 『아주 작은 습관의 힘』, 비즈니스북스

캔트 키스, 『그래도 Anyway』, 애플씨드북스

3. 나눔을 하면서 배우는 것들

그레그 모텐슨, 『세 잔의 차』, 이레

박기현, 『차이나는 유대인 엄마의 교육법』, 메이트북스

심정섭, 『질문이 있는 식탁 유대인 교육의 비밀』, 예담Friend

앙투안 드 생텍쥐페리, 『어린왕자』, 새움

오소희, 『안아라, 내일은 없는 것처럼』, 북하우스

오소희, 『하쿠나 마타타 우리 같이 춤출래?』, 북하우스

전성수·양동일, 『유대인 하브루타 경제교육』, 매일경제신문사

CHAPTER 4. 쩨다카로 나눔을 실천하다

체계적으로 후원을 시작하다

강창훈, 『전쟁도 평화도 정치도 경제도 UN에 모여 이야기해 보아요』, 사계절

이혜영, 『인권도 난민도 평화도 환경도 NGO가 달려가 해결해 줄게』, 사계절

사랑의 연탄 나르기 _3.65kg 연탄에 36.5℃의 온기를 실어 나르다

김인숙, 『제주의 빛 김만덕』, 푸른숲

민병덕, 『거상 김만덕』, 살림어린이

박래균, 『119 소방관 아저씨의 연탄꽃이 활짝 피었습니다』, 주니어김영사

송수권·안도현, 『연탄 한 장』, 비앤엠

이경화, 『구원의 여인 김만덕』, 깊은강

임정진, 『연탄집』, 키다리

정하섭, 『손 큰 통 큰 김만덕』, 우주나무

허기복·이준우, 『밥과 연탄, 대한민국을 품다!』, 파란마음

홍진P&M 편집부, 『검정 고무신』, 홍진P&M

밥퍼 봉사 _밥 한 그릇에 사랑을 담다

곽영미, 『나눔으로 세상을 바꿀 수 있어요』, 스코프

김하늘, 『세상에서 가장 쉬운 일, 자원봉사』, 토토북

서천석, 『서천석의 마음 읽는 시간』, 김영사

심정섭, 『질문이 있는 식탁 유대인 교육의 비밀』, 예담Friend

물 뜨러 가는 길 _식수정화제 한 알로 생명을 구하다

김대호, 『에코 크리에이터 디자인』, 아이엠북

나카지 후카코, 『르완다에 평화의 씨앗을』, 평화를품은책

다카노 가즈아키, 『제노사이드』, 황금가지

박지숙, 『괴물들의 거리』, 풀빛

사라 이마스, 『유대인 엄마의 힘』, 예담Friend

손연자, 『마사코의 질문』, 푸른책들

스미소니언연구소, 『소외된 90%를 위한 디자인』, 유닛더월드

안네 프랑크, 『안네의 일기』, 문예출판사

유다정, 『지구를 구하는 발명책』, 봄나무

이욱재, 『맑은 하늘, 이제 그만』, 노란돼지

독립운동가 후손 주거 개선 _감사의 마음으로 따뜻한 집을 만들어 드리다

김병렬, 『독도를 지키는 우리들』, 사계절

김일옥, 『나는 여성독립운동가입니다』, 상수리

박기현, 『차이나는 유대인 엄마의 교육법』, 메이트북스

오경문, 『내 소원은 조국의 독립이오!』, 청솔출판사

윤문영, 『독도가 우리 땅일 수밖에 없는 12가지 이유』, 단비어린이

참어린이독서연구원, 『독도가 우리 땅인 이유 33가지』, 세용출판

최태성, 『큰 별샘 최태성의 초등 별별 한국사』, MBC씨앤아이

팀 페리스, 『지금 하지 않으면 언제 하겠는가』, 토네이도

형설아이 편집부, 『WOW 나는 우리나라의 독립운동가로소이다』, 형설아이

호사카 유지, 『대한민국 독도 교과서』, 휴이넘

황선미, 『일곱 빛깔 독도 이야기』, 이마주

여자아이 학교 보내기 _차별 없이 교육받는 세상을 꿈꾸다

말랄라 유사프자이, 『나는 말랄라』, 문학동네

수전 휴즈, 『별별 학교 지구촌 친구들』, 다림

유니세프한국위원회, 『우리가 가진 권리 우리가 지켜주는 권리』

애덤 브라운, 『연필 하나로 가슴 뛰는 세계를 만나다』, 북하우스

이와쓰키 유카, 『나는 8살, 카카오밭에서 일해요』, 서해문집

존 우드, 『히말라야 도서관』, 세종서적

아이들이 먼저 제안하고 함께 후원하다

박진숙, 『세계시민수업 1 - 난민』, 풀빛

정우성, 『내가 본 것을 당신도 볼 수 있다면』, 원더박스

에필로그

오브리 데이비스, 『단추 수프』, 국민서관

틀 밖에서 배우는
유대인 학습법

초판 1쇄 인쇄 2020년 12월 22일
초판 1쇄 발행 2020년 12월 29일

지은이 | 최원일
펴낸이 | 김의수
펴낸곳 | 레몬북스(제396-2011-000158호)
주　소 | 경기도 고양시 일산서구 중앙로 1455 대우 시티프라자 802호
전　화 | 070-8886-8767
팩　스 | (031) 955-1580
이메일 | kus7777@hanmail.net

ISBN 979-11-91107-06-7 (13190)

이 도서의 국립중앙도서관 출판예정도서목록(CIP)은 서지정보유통지원시스템 홈페이지
(http://seoji.nl.go.kr)와 국가자료종합목록 구축시스템(http://kolis-net.nl.go.kr)에서
이용하실 수 있습니다. (CIP제어번호 : CIP2020051452)